루브르에서
중국을
만나다

예술품으로 본 동서양의 문명 교류 ─────

루브르에서
중국을
만나다

중국 CCTV
다큐멘터리 제작팀
김원동 편저

아트북스

일러두기

• 시·그림의 제목은 「 」로, 책·화첩·희곡·잡지의 제목은 『 』로, 전시 제목은 〈 〉로 묶어 표기했습니다.

• 중국 인명은 몰년이 신해혁명(1911년) 이전인 경우는 한자음으로, 신해혁명 이후인 경우는 중국어 발음대로 표기했습니다.

• 중국 건국(1949년) 이전에 사용된 지명은 한자음으로, 그 이후는 중국어 발음대로 표기했습니다.

• 이 서적 내에 사용된 일부 작품은 SACK를 통해 ADAGP, VEGAP과 저작권 계약을 맺은 것입니다. 저작권법에 의하여 한국 내에서 보호를 받는 저작물이므로 무단 전재 및 복제를 금합니다.

동서양 문명 교류사를 통해
중국의 문화를 깊이 이해하기

인류 문명이 시작된 지 5,000여 년이 넘었다. 인류는 언어를 만들어 의사소통을 하고 기록을 남겼으며, 옷과 집을 짓고 음식을 만들어 먹으며 오늘날에 이르렀다. 그 고고한 역사의 흐름 속에서 동양과 서양은 어떻게 자신들의 위대한 전통을 창조하고 현대 문명을 이끌어왔을까.

아시아와 유럽, 두 문명의 교역과 교류는 고대로부터 시작되어 현대에 이르기까지 지속적으로 확대되고 발전해왔다. 중국과 유럽은 기원전 115년경부터 이미 사신을 교환했다는 기록이 남아 있고, 이런 지속적인 왕래로 이루어진 국제 교역로를 통해 두 문명은 수준 높은 문물을 서로 전하고 받아들였다. 이를테면 중국의 비단이나 향료 등은 고대 이집트의 클레오파트라 시대에 이미 널리 유행하였고 반대로 유럽은 중국에 수학을 비롯한 수준 높은 과학 문명을 전해준 바 있다. 이렇듯 두 거대 문명은 때로는 교류하고 때로는 경쟁하면서 쉼 없는 진화를 거듭해왔다.

각각 서양과 동양의 문화를 집약적으로 보여주는 프랑스의 루브르 박물관과 중국의 고궁박물원, 그곳에 있는 수십만 점의 예술작품들은 두 문명의 역사와 호흡을 함께하며 무수한 제국의 흥망성쇠와 영웅들의 이야기를 간직해왔다. 루브르 박물관과 고궁박물원의 예술작품을 통해 동서양 문명이 어떻게 영향을 주고받으며 발전해왔는지를 살펴보는 것이 이 책의 주요 내용이다. 예술작품 속에 녹아 있는 시대적 사건들과 영웅 이야기들을 하나씩 풀어놓으며 그 속에서 때로는 겹치고 때로는 엇갈리는 두 문명의 흐름을 씨줄과 날줄로 엮어 흥미롭게 보여주고 있는 것이다.

동서양의 문명과 역사를 비교한 책 가운데 「모나리자」나 「앉아 있는 서기관」 등 잘 알려진 예술 작품을 매개체로 본격적으로 비교와 분석을 시도한 것은 드물다. 중국에 관심을 갖고 있던 독자들이라면 서양 예술에 비해 상대적으로 덜 알려진 중국 예술을 좀 더 이해할 수 있는 기회가 될 것이다.

이 책 『루브르에서 중국을 만나다』는 중국과 프랑스의 합작으로 제작된 다큐멘터리 「루브르 박물관, 자금성을 만나다」(원제: When the Louvre Meets the Forbidden City)를 책으로 엮은 것으로 이 다큐멘터리는 2012년 2월, 중국 다큐전문채널 CCTV9와 프랑스 국영방송 채널3에서 동시 방영됐다. 중국에서는 최근 몇 년간 「고궁」 「돈황」 등 중국의 고대문화를 심층적으로 보여주는 다큐멘터리들이 많이 제작되고 있는데, 이 다큐멘터리도 그 연장선상에 있다.

중국은 2010년부터 다큐멘터리 산업을 발전시키기 위해 여러 가지

정책을 펼치고 있다. 특히 중국 다큐멘터리의 산업화, 국제화를 본격적으로 추진하고 있는데, 「루브르 박물관, 자금성을 만나다」가 방영된 CCTV9 또한 이러한 정책의 일환으로 설립된 곳으로 2011년 1월 1일, 중국 최초로 영어와 중국어로 24시간 방송하는 글로벌 다큐멘터리 전문 채널로 개국했다. 중국이 다큐멘터리 산업 발전에 힘을 쏟는 의도는 "대외적으로 중국의 국격을 높이는 한편, 세계와 적극적인 소통을 통해 중국을 알린다"라는 말에 압축돼 있다. 즉, 중국에서는 다큐멘터리가 중국의 문화와 정부의 이념을 전달하는 중요한 매체로 활용되고 있는 것이다.

중국 정부의 이러한 의도와는 별개로 이 다큐멘터리는 동서양 문화 교류를 심도 있게 탐구한 보기 드문 시도로 서로 다른 시공간을 배경으로 두 문명이 교류하고 때로는 경쟁하고 융합하며 발전해온 과정을 시대별 대표 예술 작품을 선별해 심도 있게 보여준다.

다만 이 다큐멘터리의 내용 가운데 상당 부분이 중국 중심의 시각으로 채워졌다는 점은 염두에 두어야 한다. 중국을 대표하는 국영방송사에서 기획과 제작을 주도한 만큼 역사 서술과 문명에 대한 분석, 그 평가에 있어서 중화주의의 색채를 노골적으로 드러낸 부분도 없지 않다. 다큐멘터리의 내용을 보완해 책으로 엮는 과정에서 중화주의가 과도하게 드러난 부분은 좀 더 객관적으로 바꾸고자 했음을 미리 밝혀둔다. 또한 다큐멘터리의 스크립트를 바탕으로 책을 구성하면서 많은 부분을 보완했는데 이 작업은 중국의 역사, 미술 전문가와 각종 문헌의 도움을 받아 진행했다.

이 책에서 볼 수 있듯이 동양과 서양은 역사적으로 때로는 경쟁하고 때로는 교류하면서 세계사의 패권을 교대로 쥐었다. 앞으로도 서로 다른 문명들 사이의 충돌—특히 세계 최대 강대국의 자리를 놓고 싸우는 미국과 중국의 경쟁—은 이미 피할 수 없는 현실이 됐다. 중국이 머지않아 G2를 뛰어넘어 G1으로 우뚝 설 것이라는 전망은 새로울 것도 없으며 단지 그 시점이 논쟁거리일 뿐이다. 그런 점에서 동서양 문명의 문화와 그 뿌리를 깊이 이해하는 것은 단순한 지적 호기심 충족 이상의 의미가 있다. 앞으로 당면하게 될 세계 정세에 맞는 유연한 사고방식과 다양성을 인정하는 문화적 정체성을 갖는 것은 앞으로 우리가 갖춰야 할 중요한 자질인 것이다.

이 책을 준비하면서 갖게 된 문제의식이 있다면 그것은 현대의 한국 사회와 교육 환경이 지나치게 서구 문명 위주로 이루어져 있어 정작 지척에서 역사적으로 줄곧 우리 민족에게 깊은 영향을 준 중국의 문화에 대해서는 올바른 인식과 이해가 매우 부족하지 않은가 하는 점이었다. 바라건대 이 책이 세계 문명의 흐름을 이해하는 것은 물론, 중국 문화를 올바로 이해할 수 있는 계기가 됐으면 한다.

끝으로 이 책의 가치를 알아봐주시고 출판을 흔쾌히 승낙해주신 아트북스에 깊은 감사의 뜻을 표한다. 또한 글을 쓰는 데 여러 가지 유익한 조언을 해주신 중국의 전문가들, 특히 상하이의 쑨리칭孫黎卿 변호사님께 깊은 감사를 드린다. 그분은 중국 역사와 문화에 대한 깊은 조예를 바탕으로 균형 잡힌 시각을 가질 수 있도록 많은 도움을 주었다. 더불어 여러 가지 수고를 마다하지 않고 기꺼운 마음으로 도와준

아시아홈엔터테인먼트의 나진희 님과 유수정 님, 그리고 처음 글쓰기를 권해준 김현경 님께도 심심한 감사를 드린다.

2014년 4월
편저자 김원동

책머리에

차례

1 / 두 문명의 조우

루브르와
자금성이
만나다

나폴레옹의 건축과 조각품
Vs.
건륭제의 회화와 글씨

프랑스의 루브르 박물관과 중국의 고궁박물원은 황제가 머물던 곳이었다는 점에서 운명을 같이한다. 루브르 궁은 1792년에 루브르 박물관이라는 이름을, 자금성은 1925년에 고궁박물원이라는 새로운 이름을 갖게 된다. 두 박물관이 먼 거리를 좁혀 조우한 것은 2008년 4월, 베이징 고궁박물원에서 열린 〈나폴레옹 1세 대전〉에 루브르 박물관의 소장품들을 선보이면서 이루어졌다. 동양과 서양이 예술이라는 하나의 매개체를 통해 만나게 된 것이다. 루브르의 토대를 닦은 나폴레옹이 주로 건축과 조각품으로 통치권력을 강화했다면, 청나라의 최전성기를 이룬 자금성의 황제 건륭제는 주로 회화와 글씨로 통치권력을 강화했다.

1년에 단 하루, 유럽에서는 '박물관의 밤'이 열린다. 그날 밤은 루브르 박물관을 비롯해 유럽의 네 국가 200여 개의 박물관을 심야 시간까지 무료로 관람할 수 있다. 예술 애호가들이 조용한 밤에 작품들과 마주할 기회는 1년 중 딱 이날 하루만 주어진다.

　　자정에 루브르 박물관 안 '박물관의 밤'이 이제 곧 막을 내리려 할 때 그곳에서 9,000킬로미터 떨어진 베이징은 새벽 6시다. 이곳의 고궁박물원은 두 시간 후 새로운 방문객을 맞을 준비를 하고 있다. 2008년 4월 5일, 이날은 유서 깊은 자금성에서 루브르 박물관의 예술품들이 처음으로 선보인 날로, 그 예술품들은 자금성 우문午門에서 펼쳐진 〈나폴레옹 1세 대전〉 전시회에서 선보였다. 이 전시회로 루브르 궁과 자금성은 그 둘 사이의 먼 거리를 좁혀 서로 마주보게 됐다. 동양과 서양이 예술이라는 하나의 매개체를 통해 만나게 된 것이다.

　　　　　　　　　　　　　　　　　　　　　　　　1장. 두 문명의 조우

하나의 운명,
황궁에서 박물관으로

황제의 궁이 훗날 박물관이 된 것, 이 부분에서 루브르 박물관과 고궁박물원은 비슷한 운명을 가졌다.

1793년 1월 21일 오전 10시 광장을 가득 메운 함성 속에 프랑스 국왕 루이 16세는 시민 혁명가들의 손에 이끌려 단두대에 올랐다. 아마 그는 단두대 위에서 자신이 살던 루브르 궁을 한 번 더 보고 싶어했는지 모른다. 그러나 루이 16세가 직접 설계에 참여했던 단두대는 그에게 루브르 궁을 다시 한 번 볼 수 있는 기회를 주지 않았다.

이렇게 몰락한 운명의 그림자는 중국의 마지막 황제 푸이溥儀, 1906~67에게도 드리워졌지만, 그래도 루이 16세에 비해 푸이는 운이 좋은 편이었다. 1924년 11월 5일 오후 4시, 푸이 황제는 군벌 펑위샹馮玉祥의 국민혁명군 강제퇴거 명령으로 자금성에서 쫓겨났지만 목숨은 건질 수 있었다.

그리고 1925년 10월 10일, 자금성의 신무문神武門에는 '고궁박물원'이라는 현판이 걸렸다. 중국 최대 규모의 고대 문화 박물관이 이날 문을 연 것이다. 박물관 개관 첫날, 은화 반 냥이라는 값비싼 입장료에도 불구하고당시 은화 한 냥은 현재 인민폐 160~200위안에 해당하지만 물가 차이를 감안하면 현재 300위안(약 5만 원)의 가치다 베이징 성北京城 안은 발 디딜 틈도 없었고 그날만 2만5,000명이 고궁박물원을 보기 위해 다녀갔다고 한다. 삼엄한 경비 속에 출입 금지의 땅으로만 여겨졌던 자금성은 이때부터

고궁박물원 전경

보통 사람들이 가족들과 함께 언제든지 들어올 수 있는 곳이 됐다. 사람들은 황제의 집과 그 집 안의 모든 것을 관람할 수 있었으며, 고대 문물뿐 아니라 높은 담장에 감추어진 황제 일족의 사사로운 수집품인 국보까지도 감상할 수 있게 됐다. 그리고 자금성도 사람들의 기대와 갈망으로 가득 찬 눈빛을 서서히 받아들이기 시작했다.

고궁박물원은 설립 초기에 서양의 박물관 시스템을 열심히 배우고 받아들였는데, 한때 황제의 화려한 궁궐이었던 루브르 박물관도 모방 대상 중 하나였다. 루브르 박물관은 1793년 8월 10일, 프랑스 제1공화국이 건국된 지 만 1년이 됐을 때, 공화국은 루브르 궁을 '중앙예술박물관'으로 사용할 것이라고 선포하면서 대외에 정식으로 개방했다. 루브르 궁과 튀일리 궁의 대화랑을 연결해 전시장을 만들고 역사상 처음

18세기의 화가 위베르 로베르가
그린 루브르 박물관의 옛 모습,
1794~96년

으로 프랑스 시민을 맞이했다. 공화국 시민들은 국왕과 귀족만이 소유
할 수 있었던 예술 소장품들을 보고 놀라움을 금치 못했고, 무척 흥분
해서 돌아가는 것도 잊어버릴 만큼 그 작품들에 매혹됐다고 한다.

　중세 프랑스의 왕 필리프 2세가 12세기 후반 전쟁 수비를 위해 처음
으로 성벽을 세우고, 이후 600여 년 동안 후대 27명의 왕이 조금씩 증
축하면서 황궁이 된 루브르 궁은 지금 세계 제일의 박물관이 됐다. 이
변화는 박물관의 시대를 연 역사상 최고의 문화적 사건이었다.

　1793년 프랑스 제1공화국 내무장관 장 마리 롤랑은 루브르 박물관
에서 "예술품은 사람의 영혼을 적셔주고, 예술가를 키운다. 또한 그것
은 국가가 소유해야 하며, 어떤 특권 계층도 소유해서는 안 된다"라고
선포했다. 루브르 박물관은 확고한 자유와 평등의 이념을 바탕으로 세
워졌으며 당시 유럽 전역에 이러한 이념을 전파하고자 했다. 그렇지만

루브르 박물관 전경. 루브르 박물관은 한때 '나폴레옹 박물관'으로 불렸다.

다른 방향을 잡은 사공이 있으면 배가 산으로 가게 되는 법이니, 이 사공은 바로 나폴레옹이다. 황제에 오른 그는 루브르 박물관에 전혀 다른 새로운 길을 제시한다.

나폴레옹의 개선문과
건륭제의 판화

　루브르 박물관이 '나폴레옹 박물관'이라 불리던 때가 있었다. 1799년 프랑스 제1공화국의 제1통령이자 제1시민이 된 나폴레옹은 루이 16세가 살던 루브르 궁에 이주해 살았다. 그로부터 4년 후 그는 루브르 박물관의 '중앙예술박물관'이라는 현판을 떼어내고 '나폴레옹 박물관'이라는 현판을 내건다. 나폴레옹은 자신의 통치 기반이 매우 불안정하다는 것을 뼛속 깊이 느끼고 있었으며, 모든 명성이 전쟁터에서 세운 공로에 기반을 둔다는 것도 알고 있었다. 그리하여 그는 시민들의 가슴에 자신의 전공戰功을 확실히 새겨놓고 싶어했는데, 그것이야말로 권력을 유지하기 위한 최후의 카드임을 잘 알고 있었기 때문이다.

　고대 로마 시절, 개선문은 전장에서 승리를 거둔 장군만이 통과할 수 있었다. 개선문이야말로 영예를 기념하는 상징적인 역할을 하는 것이었다. 나폴레옹은 고대 로마의 영웅 정신을 숭배했으며 그 정신은 그의 원대한 포부와 정확히 일치했다. 1808년 나폴레옹은 루브르 궁 광장에 본인을 위해 작은 개선문을 짓는다. 지금 「카루젤 개선문」이라 불리는 개선문이 바로 그것이다.

　개선문 상부에는 당시 나폴레옹이 베네치아에서 가져 온 네 마리의 청동 말이 장식됐고(이 조각상은 1815년, 왕정복고를 기념해 베네치아에 반환됐으며, 1928년 승리의 여신이 인도하는 전차를 탄 평화의 여신상 조각으로 대체됐다) 전면에는 격렬한 전투 모습이 아닌 황제끼리 평화협정을

루브르 궁전 안뜰에 위치한 카루젤 개선문 전경

건륭제와 나폴레옹의 초상화

맺는 모습의 부조가 조각됐다. 이는 나폴레옹의 놀라운 선전 기교를 보여주는 것으로서, 그는 전쟁을 일으키면 일으킬수록 평화를 널리 알리고자 했다. 이 부조를 묘사한 소묘는 베이징으로 운반되어 〈나폴레옹 1세 대전〉에 전시됐다.

　〈나폴레옹 1세 대전〉이 열린 우문은 자금성의 정문이며 가장 큰 궁문이기도 하다. 또한 우문은 예부터 '예의의 문'이라 불리는데, 황제가 조서를 발표하고 연회를 열며, 군대가 승리하고 돌아왔을 때 포로를 바

건륭제가 프랑스의 왕 루이 15세에게 제작을 부탁한 동판화. 건륭제가 정벌전쟁에서 세운 공로가 표현돼 있다.

치는 헌부의식獻俘儀式이 열린 곳도 이곳이기 때문이다. 우문의 헌부의식은 중국 황제가 승리를 기록하고 전공을 깊이 새기는 중요한 의식이었으나, 건륭제乾隆帝, 1711~99는 이런 방식만으로는 자신의 전공을 기록하기에 부족하다 생각해 새로운 방법을 찾는다.

건륭제가 택한 것은 판화 제작이었다. 특별히 주문 제작한 이 판화에는 황제가 이룬 정벌전쟁의 공로가 표현돼 있다. 건륭제가 내몽고 자치구 오르도스에 있는 준거얼準格爾 평정을 기념하기 위해 프랑

1장. 두 문명의 조우

스 왕 루이 15세에게 특별히 동판화 주문 제작을 부탁한 것이었다. 판화의 스케치는 당시 중국에서 활동하던 예수회 소속 선교사들이 했으며, 건륭제는 이 스케치를 프랑스의 동인도회사로 보내 동판화를 제작하게 했다. 건륭제는 이 기회에 프랑스 왕에게 자신의 업적과 제국의 꿈을 과시하고 싶었던 것은 아닐까? 이 동판화의 견본용 원고들은 2009년 5월, 루브르 박물관에서 열린 특별 전시회에서 선보였고, 그렇게 18세기에 처음 만난 자금성과 루브르 궁은 200여 년이 지나 전시를 매개로 다시 연결됐다.

나폴레옹의 이상은 전쟁의 신 건륭제의 이상은 청렴한 문인

루브르 박물관에 있는 그 어떤 예술품도 「모나리자」의 지명도에 필적할 수 없을 것이다. 그녀는 이미 루브르 박물관을 상징하는 예술품이다. 웃는 것 같지만 웃지 않고 환상인지 현실인지 구분할 수 없는 모나리자의 미소, 어느 각도에서 봐도 그녀의 눈빛은 항상 그 그림을 보는 사람을 은근히 바라보고 있다. 나폴레옹도 「모나리자」를 침실에 걸어놓고 감상했다고 하니 그도 모나리자의 눈빛을 좋아했던 모양이다.

루브르 박물관 카레 궁정Cour Carrée의 석고로 만들어진 페디먼트pediment, 고대 그리스식 건축물 출입구 위쪽에 위치한 삼각형 형태의 장식는 1813년에 완성되어 200여 년이 넘은 작품으로, 워낙 쉽게 깨지기 때문에 극도의

루브르 박물관 동쪽 카레 궁정의 페디먼트. 지금은 한가운데 아폴로 신이 조각돼 있다.

주의가 필요한 예술품이다. 이 페디먼트도 역시 베이징으로 옮겨져 〈나폴레옹 1세 대전〉에 전시됐다. 이 페디먼트의 한가운데에는 아폴로 신이 조각되어 있다. 아폴로 신이 있던 이 자리에는 나폴레옹 정권이 무너지기 전만 해도, 본디 나폴레옹의 모습이 조각되어 있었다. 당시 그의 모습은 무기를 든 군인이 아닌 평화를 외치는 군주로서 '지혜의 신'을 정면으로 마주보고 있었다. 말 위에서 권력을 얻은 키 작은 정복자는 예술을 통해 자신의 권력을 자랑하고 싶어했다. 그리하여 자신의 모습을 예술품 속에서 장군, 군주 심지어 신의 모습으로 표현하기도 했으

1장. 두 문명의 조우

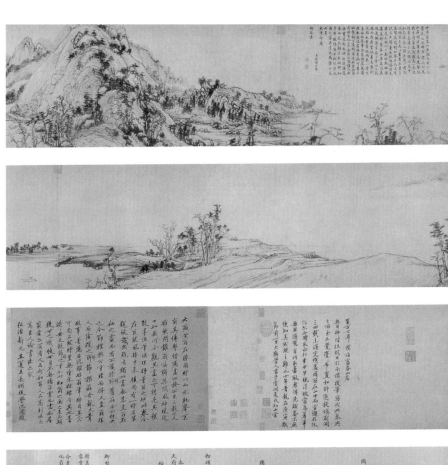

황공망, 「부춘산거도」, 원나라, 타이베이 고궁박물원
건륭제는 이 그림을 무척 아껴 70여 차례 발문을 남기기도 했다.

건륭제가 자금성 태화전에 남긴 편액, 건극수유

며 수많은 방법을 동원해 사람들에게 감동을 주는 것을 즐겼다.

한편 건륭제는 당대의 그림과 시에 대단한 애정을 기울였고, 살아생전 무려 2만여 수의 시를 썼다고 한다. 중국 10대 전세명화傳世名畫 중하나인, 원나라의 황공망黃公望, 1269~1354. 원 말 사대가의 한 사람이며, 산수화에 일가一家를 이루었다이 그린 「부춘산거도富春山居圖」를 특별히 아껴 70여차례 발문跋文을 남기기도 했다.

나폴레옹이 자신을 '전쟁의 신'으로 포장하고 싶어했다면, 건륭제는 '청렴한 문인'으로 인식시키려 노력했다. 건륭제도 나폴레옹과 마찬가지로 그의 자취가 오래 남기를 강렬히 원했다. 그의 필적은 「부춘산거도」뿐 아니라 「대우치수옥산大禹治水玉山」하나라 시조이자 치수를 잘한 성군인 우왕의 업적을 표현한 조각품(82쪽 참고)의 인장, 그리고 이허위안 완서우 산萬水山, 건륭제가 모친의 생신을 축하하기 위해 만든 인공 산의 돌조각, 자금성 태화전太和殿의 편액에서도 찾아볼 수 있다. 건륭이 필적을 조금 과하게 남기기는 했지만 뜻을 기념해 글로 남기는 것은 중국의 전통이다.

태화전은 왕조의 상징이며 조정에서 중대한 예전을 거행하는 곳이었다. 태화전 안에는 큰 편액이 높게 걸려 있는데, 건극수유建極綏猷, 천자가 위로 '하늘의 도'를 실현하고, 아래로는 '백성의 뜻'에 따르고 법으로써 나라를 다스리는 것는 건륭제의 어필御筆이다.

서양에서는 조각품과 같이 구체적인 형상, 즉 구체적인 이미지를 통해 직접적으로 내용을 선전한다. 한편 동양에서는 문자를 중요하게 여겨 편액을 남겨 자신을 성찰하고 후대 사람에게 경고한다.

예술을 사랑한 두 제왕

1804년 12월 2일 파리의 노트르담 성당에서 나폴레옹은 대관식을 거행하고 프랑스 제1공화국의 황제가 된다. 나폴레옹은 화가 자크루이 다비드를 불러 그 순간을 영원히 기록해달라고 요청한다. 그 그림이 바로 「나폴레옹 1세의 대관식」이다. 이 거대한 그림은 세로 6.1미

1장. 두 문명의 조우

다비드, 「나폴레옹 1세의 대관식」과 부분, 1806~07년
나폴레옹은 황후에게 관을 씌워주는 모습을 통해 권력
이 자신의 힘으로 쟁취한 것이지 교황에게서 받은 것이
아님을 보여주려 했다.

터, 가로 9.3미터나 되며, 그림에는 191명의 인물이 등장하는데 다비드는 인물 한 사람 한 사람을 따로 스케치 했다고 한다. 애초에는 나폴레옹이 교황 앞에서 대담한 자세로 본인이 왕관을 쓰는 모습을 그리게 하려 했으나, 마지막에 생각을 바꿨다. 나폴레옹은 모든 권력은 본인에게서 비롯한다는 것을 보여주기 위해, 황후에게 왕관을 씌워주는 모습을 그리게 했다.

인생의 절반을 전쟁터에서 보낸 나폴레옹은 자신이 알렉산더 대왕과 견줄 만할 인물이라고 생각했고 당대를 로마시대와 비슷하게 만들고자 힘썼다. 또한 고대 그리스, 로마를 소재로 한 작품을 좋아했다고 한다. 그 당시 회화 분야에서도 그리스와 로마의 정신을 담은 신고전주의가 유행했는데 이런 유의 작품들은 나폴레옹의 입맛에 딱 맞았다. 비록 많은 작품이 나폴레옹의 정치 선전에 쓰이기는 했지만 정치와 예술의 결합은 웅장하고 영웅주의가 물씬 풍기는 무수한 작품들이 탄생하는 배경이 됐다.

자연 경치를 즐겨 보았던 건륭이 이 격정적이고 웅장한 작품을 보았다면 어떤 느낌을 받았을까? 나폴레옹이 거대한 그림으로 자신을 영웅적인 군주로 묘사했다면 건륭제는 어떤 방법을 통해 그의 포부와 심경을 담아냈을까?

건륭제는 시·문文·그림·자기를 다루는 솜씨를 법랑채 공예에 완벽히 결합시켜 중국의 자기공예를 최고의 경지에 올려놓았다. 건륭제가 직접 제작과 반포를 지시한 「산수누각완山水樓閣碗」이 그 대표적인 예이다. 건륭제는 이 법랑채의 표면에 정자와 누각, 빽빽한 나무숲에 제비

건륭제가 반포한 법랑채 「산수누각완」(위)과 각색유대병(아래)
화조화와 산수화 등을 그려 넣어 그 화려함이 극치를 이룬다.

가 나는 모습을 그려 넣고 여백에는 시구를 지어 넣도록 했다. 백자상
회白磁上繪 법의 하나인 법랑채 기술은 긴 연구 끝에 강희제 말년에 제
작하는 데 성공했고 옹정제 때 발전을 이루었으며 건륭제 때에는 화려
한 화조화花鳥畫와 산수화山水畫를 그려 넣는 등 이 기술의 극치를 보여
주었다. 특히 건륭제는 세밀하고 복잡한 공예를 좋아했는데 그것은 자
신이 완벽을 추구하는 것을 보여주고자 함이었다. 16가지 공예 기술을
결합시켜 만들어 사람들에게 '도자기의 어머니'라고 불리는 각색유대병
各色釉大瓶이나 5,000킬로그램이 넘는 「대우치수옥산」과 같은 예술작품
은 모두 건륭제의 무소불능 정신을 잘 보여준다.

　　각각 한 나라의 군주였던 건륭제와 나폴레옹, 이 두 사람은 모두 예
술을 사랑했다. 하지만 그들은 여느 사람들처럼 예술품을 '감상'하는
데 그치지 않고, 그 안에 제왕의 정치적 목적과 이상을 담고자 했다.

두 황제와 박물관의 역사

매주 화요일은 일주일에 한 번 루브르 박물관이 휴관하는 날로 이
날은 40만 점의 예술품들이 조용히 안정을 되찾을 수 있다. 이곳의 예술
품 한 점 한 점이 모두 자신들만의 이야기를 가지고 한 시대를 말해준다.

　　나폴레옹은 전장에서 잇따른 승리를 축하하기 위해 1,000톤 이상의
예술품을 루브르 박물관으로 옮겨왔다. 그가 정복전쟁을 통해 빼앗은

전리품은 대략 5,000여 점이었는데 각 벽면을 상, 중, 하로 나누어 3줄로 그림을 전시했다. 이렇게 많은 유럽의 진귀한 예술작품이 전례 없이 한자리에 모였으니 수많은 예술가가 루브르 박물관으로 몰려들었다. 덕분에 19세기 초, 나폴레옹 박물관은 이미 유럽 예술의 중심으로 자리잡을 수 있었다. 이 작품들은 나폴레옹이 1815년 워털루전투에서 패전하며 유럽 각국으로 반환됐지만 베로네세의 「가나의 혼례」 같은 몇몇 작품은 환수되지 않았다.

프랑스 파리에서 1만 리 밖 중국의 청나라 황제 건륭, 그는 주세페 카스틸리오네가 그린 「평안춘신도平安春信圖」에서 유생의 모습으로 등장한다. 건륭제는 취미로 예술품을 모으다가 전문적으로 소장하게 됐으며 엄청난 규모의 수집품을 목록화해 『사고전서四庫全書』의 편찬 작업도

카스틸리오네 Giuseppe Castiglione, 1688~1766년

중국 명은 낭세녕郎世寧. 청대 중기 궁정화가로 활약한 이탈리아 선교사로서 1715년 청나라로 건너가 궁중화가로서 50년 동안 그림을 그리며 강희제·옹정제·건륭제 세 황제를 모신다. 건륭제는 낭세녕을 위해 원명원圓明園, 베이징에 있던 청대의 황실 정원. 강희제 때 짓기 시작해 건륭제 때 완공됐다 안에 여의관如意館이라는 화실을 지어주었는데, 그곳에는 역대 황제가 자주 드나들었다고 한다. 낭세녕은 중국에 머물며 유화의 기교를 다듬었을 뿐만 아니라 황제의 요구에 따라 새로운 화법을 창조했다. 그는 중국 고유의 재료를 사용해 황제나 황비 등의 초상화를 서양식 화법으로 그렸고, 청나라의 화원화가 당대唐岱 등과 협력해 건륭 연간1735~95에 「원명원전도圓明園全圖」 등을 그리기도 했다. 이때 그가 쓴 음영법은 새로운 기법으로서 중국화에 큰 영향을 끼쳤다.

카스틸리오네, 「백준도」, 청나라, 타이베이 고궁박물원
말 그림으로 청 화단에서 명성이 높았던 카스틸리오네는 이 그림에서 서양의 색채원근법을 써서 근경은 진한 색으로 크고 선명하게, 원경은 연한 색으로 작고 흐릿하게 표현해 광활한 공간감을 주었다.

진행했다. 건륭제의 작업에는 매우 심오한 정치적 목적이 있었다. 재위 시절, 그는 전대미문의 국보 대수집 사업을 벌여 중국 예술사에서 가장 중요한 위치에 놓인 작품들 대부분을 자금성으로 거둬들였다.

나폴레옹의 전리품들이 유럽 각국으로 돌아갔듯 건륭제의 수집품도 청의 정세가 수차례 흔들리는 동안 전 세계로 흩어졌다. 지금도 파리 교외의 퐁텐블로 궁전에서는 중국에서 가져온 자기, 궁등, 탱화 등을 볼 수 있는데 그것들은 대부분 원명원에 있던 것이다.

1821년 5월 5일 나폴레옹은 세인트헬레나 섬에서 죽음을 맞이한다. 이렇게 한 시대가 지나간 것이다. 공과, 시시비비를 막론하고 루브르 박물관이 나폴레옹 재위 시기에 크게 발전했다는 것은 부정할 수 없을 것이다.

1장. 두 문명의 조우

카스틸리오네가 그린 「평안춘신도」(부분)
이 그림에서 건륭제는 유생의 모습으로 그려졌다.

시대의 만남,
문명의 만남

나폴레옹이 죽은 후 160여 년간 루브르 박물관에는 많은 변화가 일어났다. 하지만 1989년 이전만 해도, 루브르는 미궁과 다름이 없었다. 입구는 비좁았으며 총 224개의 방을 관람하는 동선은 복잡했다. 그렇지만 한 중국인이 이 혼란스러운 곳을 바꿔놓는다. 그는 중국계 미국 건축가인 이오밍페이Ieoh Ming Pei로, 20세기 가장 성공한 건축가 중 한 명이며 중국 전통문화사상에 조예가 깊어 전통과 현대를 함께 탐구해왔다. 1981년 프랑스 정부는 '그랑 루브르Grand Louvre' 대대적인 신축 공사와 보수 작업을 통해 루브르 박물관을 세계 최대 박물관으로 만들려는 계획. 총 70억 프랑(1조300억 원)을 투입해 15년간 추진했다 계획을 발표하고, 이 오래된 건축물의 대대적인 보수와 증축을 시작했다. 이오밍페이가 제시한 건축설계도는 당시 프랑스 대통령인 미테랑의 지지를 얻었지만 90퍼센트의 프랑스인들은 반대했다. 재건축 기간 동안 파리 시민들의 숱한 질의와 비판이 이오밍페이를 따라다녔지만 여러 가지 외압에도 불구하고 그는 끝까지 설계안을 지켜나갔다.

1989년 793개의 유리판으로 지어진 피라미드가 공개됐을 때 프랑스 사람들은 그것을 받아들일 수밖에 없었다. 새 출입구인 유리 피라미드는 루브르 박물관의 심장이 됐다. 재건축 후 루브르 박물관은 채광량이 늘었을 뿐 아니라 전시장의 크기 역시 두 배로 확장됐다. 루브르 박물관이 현대적인 박물관으로 새로 태어난 순간이었다.

1장. 두 문명의 조우

'그랑 루브르 프로젝트' 이후 루브르 박물관의 새 입구가 된 유리 피라미드와 그 아래서 바라본
박물관 전경

105만 점의 문물이 소장된 박물관으로서 그 역할을 톡톡히 하고 있는 자금성 역시 재정비 계획을 세우고 있다. 같은 문물, 같은 보물이라도 시대에 따라 부여하는 의미는 제각기 다르며, 전혀 다른 장소에 옮겨져 다른 문화의 사람들에게 선보일 때는 또 다른 의미를 전달할지 모른다. 〈나폴레옹 1세 대전〉과 같은 전시회를 통해 루브르 궁과 자금성이 만난 것은 찬란했던 한 시대가 또 다른 찬란했던 한 시대를 만난 것이며, 문명이 서로 대화하는 통로이자 새로운 의미를 창조할 수 있는 가능성을 보여준다.

최초의
두 가지 문자

함무라비 석비
Vs.
사기정의 금문

만약 인류가 한 가지 언어를 썼다면 역사는 어떻게 발전했을까? 동양과 서양의 문화가 소통하기 어려운 것은 애초에 두 문명이 서로 다른 언어를 썼기 때문은 아닐까? 바빌론 문명을 일으킨 고대 서아시아가 사용한 최초의 문자는 쐐기문자다. 반면에 황하 문명을 일으킨 고대 중국 최초의 문자는 갑골문자다. 「함무라비 법전」과 청동기에 새겨진 고대문자, 금문을 통해 바빌론 문명과 황하 문명의 운명이 어떻게 엇갈렸는지 살펴보자. 고대 중국의 갑골문자가 신과 소통하기 위한 문자였다면, 반대로 서아시아의 쐐기문자는 실용 위주의 문자다.

2008년 여름 루브르 박물관에서는 〈서아시아 문명 대전〉이 열려 전
례 없는 성황을 이루었다. 유럽 각국 큰 박물관에 소장된 고대 서아시아
문물들이 처음으로 루브르 박물관에 전시됐기 때문이다. 이 전시회의
주요 작품은 바벨탑을 주제로 한 회화들이었는데 이것으로 미루어볼 때
동서양 문명에서 바벨탑의 영향력은 매우 크다고 볼 수 있다. 여기에는
서양의 문화를 바탕으로 한 중요한 이야기가 숨어 있다.

바벨탑과
인류의 언어

구약성서에도 나오는 바벨탑은 바빌론의 지구라트ziggurat를 가리
킨다. 지구라트란 '하늘에 있는 신과 지상을 연결시키기 위한 성탑聖塔'

　　　　　　　　　　　　　　　2장. 최초의 두 가지 문자

이라크 우르에 있는 지구라트의 모습. 메소포타미아 지역에는 바벨탑 외에도 여러 개의 지구라트가 있었다고 한다.

이다. 메소포타미아(그리스어로 '두 줄기 강—티그리스 강과 유프라테스 강—사이의 땅'을 뜻한다) 유역의 각 도시에는 비록 지금은 거의 무너져 내려 원형을 찾아보기는 힘들지만, 바벨탑 외에도 여러 개의 지구라트가 있었다고 한다.

2,400여 년 전, 고대 그리스 역사가 헤로도토스는 『역사』에서 인류의 기적이라고 부를 수 있는 이 탑의 탄생 과정에 대해 자세히 기록했다. 높은 층으로 지어진 바벨탑 꼭대기에는 신전이 자리 잡고 있다. 탑은 나선형 계단을 통해 돌아 올라갈 수 있으며 계단은 바로 탑의 꼭대기로 이어진다. 탑 한 변의 길이는 90미터이고 탑의 높이도 90미터 정도 된다. 바벨탑은 메소포타미아 평원에 우뚝 솟은 웅장한 건축물로, 이 평원에서 인류 최초의 도시 문명이 싹텄다.

서양의 가장 오래된 종교 경전인 성경의 창세기를 보면 "그 당시 인류는 공통 언어를 썼으며 그들은 하늘과 통하는 거대한 탑을 건설해 인류의 위대함을 보이려 했다"라고 쓰여 있다. 그렇지만 신에게는 이런 인간의 행위가 그의 권위에 도전하는 것으로밖에 보이지 않았다. 결국 신은 인간의 언어를 뒤섞었고 사람들은 서로 말이 통하지 않아 대화할 수 없었다. 말이 통하지 않게 되자 이 공사는 중단됐고 다른 언어를 쓰게 된 사람들은 사방으로 흩어졌다. 다른 문화 간의 차이와 충돌은 인류의 발전을 제한했고 현재 서양에서 바벨탑은 인간 사이의 이해, 소통의 어려움을 뜻하는 대명사가 됐다.

한편 2008년 아시아 대륙의 다른 한편에서는 중국 예술가 쉬빙이 '이해와 소통'을 화두로 지속적인 탐구를 하고 있었다. 쉬빙은 이렇게 말한다. "바벨탑 이야기는 나에게 매우 인상 깊게 남아 있다. 만약 인류가 같은 언어를 썼다면 인류의 힘은 어느 무엇에 비할 수 없을 만큼 커졌을 것이다. 그렇지만 신은 인류가 이렇게 교만하도록 내버려둘 수 없었기에 바벨탑을 무너뜨렸다. 통용 언어를 없애 그 목적을 달성한 것이다. 공통된 언어를 쓸 수 있다면 인간은 각양각색의 일을 할 수 있지 않았을까."

쉬빙은 언어를 통해 가장 본질적인 사유를 하고자 한다. 쉬빙의 「천서天書」에서부터 이러한 특징을 볼 수 있다. 전시장에 들어서면 한자가 빽빽하게 인쇄된 책 300여 권이 바닥에 펼쳐진 채 깔려 있고 천장에도 역시 한자가 쓰인 긴 종이가 걸려 있다. 이는 작가가 3년에 걸쳐 직접 새긴 4,000여 개의 활자를 찍은 것으로 그 섬세함에 놀라게 된다. 더욱 놀라운 사실은 이 글자들이 모두 일부러 잘못 쓴 글자들이라는 점이다. 관람객들은 앉아서 글자를 읽으려 해보지만 결국 아무것도 읽을 수 없다. 소통은 없다. 결국 '지상에는 없는 책'이다.

「천서」는 중국의 문화유산에 관심을 갖고 있는 작가가 중국 문화의 대표 격인 한자를 해체함으로써 '중국의 전통과 서구의 전통 사이에서 어떻게 중국 문화를 다시 세울 것인가' 하는 의문을 던지는 작품이다. 또한 한자와 알파벳을 융합해 서양 사람들에게 큰 반향을 일으켰던 「신영문서법新英文書法」, 그리고 누구나 알아볼 수 있는 부호로 국제언어를 만든 「지서地書」 등 그의 창작 영감은 문자에 대한 탐구와 다른 문자에 대한 이해에서 온다. 그는 자신의 작품들이 다른 문화와 다른 문자 사이의 원만한 매개체가 되길 희망한다.

쉬빙徐冰, 1955~

문화대혁명기를 경험한 중국의 1세대 작가로 세계적인 예술가다. 충칭에서 태어나고 베이징에서 자랐다. 1981년 중앙미술학원 판화계 졸업 후 학생들을 가르쳤으며, 1987년에 석사학위를 받았다. 정치적 박해가 심했던 문화혁명기에도 묵묵히 작품 활동을 했던 그는 톈안먼 사건 이후 1990년 미국으로 이주해 브루클린에서 작업을 해왔다.

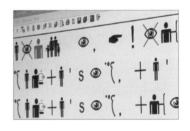

　　쉬빙은 「지서地書」라는 작품을 통해 재미있는 실험을 하고 있다. 쉬빙이 개발한 소프트웨어에서는 쐐기문자로 쓰인 함무라비 법전의 고대 법규가 매우 생동감 있게 변화하면서 영어와 중국어로 번역된다. 또한 영어나 중국어 등을 입력하면 이 프로그램이 언어를 도형문자로 번역해준다. '문자와 부호로 그려진 그림'인 이 작품은 서로 언어가 달라도 서로 소통할 수 있음을 보여준다. 인류 상호 간의 이해와 소통에 대한 탐구가 쉬빙의 창작 동력이다.

작품을 설명하는 쉬빙의 모습(위)과 그의 작품 「천서」(아래)
쉬빙의 창작 영감은 문자에 대한 탐구와 다른 문자에 대한 이해에서 온다.

쐐기문자와
갑골문자

루브르 박물관의 서아시아 전시관에 들어가 수천 년 이전의 예술품 사이를 거니노라면 한정된 이 공간에 어떻게 인류 초기의 가장 찬란했던 시절이 다 들어 있는지 믿을 수 없을 지경이다. 어떤 사람은 이 문물들이 온 곳을 바로 인류 기원의 땅, 즉 성경에 묘사된 에덴동산이라고 말하기도 하고 또 어떤 사람은 그곳을 인류 문명 최초로 빛줄기가 비친 곳이라고도 말하며, 또 어떤 이는 권력의 빈번한 교체와 잦은 전쟁으로 억울한 혼이 떠다니고 있는 곳이라고 설명하기도 한다. 그곳은 '바빌론'이다.

지금으로부터 7,000여 년 전, 인류가 낚시와 사냥으로 배를 채울 그 무렵 바빌론에서는 이미 농업 관개시설이 완벽히 갖추어져 있었다. 지금으로부터 4,000여 년 전, 이곳 사람들은 이미 체계적인 역법을 확립해 1년을 12개월로 나누고 7일을 일주일로 묶었으며, 60진법을 이용해 한 시간을 60분으로 나누었다. 이곳에는 인류 역사상 최초의 도시가 설립됐고 학교와 도서관이 세워졌으며, 세계에서 가장 오래된 바빌로니아의 서사시 『길가메시』와 법전이 쓰였다.

또한 이곳에선 세계 최초의 문자가 만들어졌는데 그것은 바로 설형문자(쐐기문자)다. 설형문자는 메소포타미아 지역에서 쓰였는데, 초기에는 주로 수數를 세는 데 쓰인 것으로 추정된다. 쐐기문자로 불리는 이유는 점토 위에 갈대나 금속으로 만든 펜으로 새겼기에 문자의 선이

바빌로니아 시대의 쐐기문자
바빌로니아인들은 메소포타미아 지역
에서 난 점토로 만든 판 위에 갈대나
금속으로 만든 펜으로 회계 등 실용적
인 내용을 기록해두었다.

쐐기 모양을 이뤘기 때문이다. 현대의 학자들은 인류 문명의 초기에
이미 문자의 형식과 기능에서 각 문명마다 구체적으로 차이가 나타난
다고 본다.

설형문자가 점토판에 새겨진 것과 달리 고대 중국의 갑골문자는 거
북이의 등껍질甲이나 짐승의 뼈骨에 새겨졌으며 그 내용은 전쟁이나 제

　　　　　　　　　　　　　　2장. 최초의 두 가지 문자

사를 앞두고 길흉을 점친 것이었다. 중국의 역사학자 루마오더^{陸懋德}가 1921년에 발표한 논문에서 '갑골문'이라는 용어를 쓴 뒤로 이 명칭이 일반적으로 쓰이게 됐다. 1928년부터 중국 중앙연구원이 안양^{安陽}의 샤오툰춘^{小屯村} 일대를 발굴하기 시작해 1937년까지 15차에 걸린 발굴로 2만5,000점에 이르는 갑골을 추가로 발견했다.

중국 사람들은 문자를 신의 창조물이라 말한다. 문자는 신성한 실체인 것이다. 고대 중국에는 이런 전통이 있다. 글씨가 쓰여 있는 종이는 함부로 써서는 안 된다는 것이다. 그런 종이들은 모아두었다가 많이 쌓이면 반드시 문창각^{文昌閣. 교육을 장려하기 위한 목적으로 중국 각지에 세운 누}각으로 가져가서 태워야 했다. 이런 관습은 문자에 대한 숭배 현상으로 중국 문화에서 매우 특이한 부분이다.

고대 중국의 갑골문자가 신과 소통하기 위한 문자였다면, 반대로 서아시아의 쐐기문자는 실용 위주의 문자다. 실제로 어느 수메르 신전에서 최초로 발견된 점토판 문서 역시 행정 문서였다. 행정 문서는 주로 회계와 관련된 것이 많고, 소송이나 계약과 관련된 문서, 그리고 장부(산양이나 면양의 수를 적어놓은 '양 장부')가 발견되기도 했다.

인류가 발전해왔지만 동양과 서양 간의 서로 넘기 힘든 소통의 벽이 여전히 존재하는 것도 사실이다. 어쩌면 동양과 서양은 서로 다른 언어를 씀으로써 다른 길을 가게 된 것은 아닐까? 이에 대해 쉬빙은 다음과 같이 대답한다. "현재 인류의 생활 방식과 고대의 생활 방식은 전혀 다르지만 오늘날 쓰는 언어의 표현 방식은 수천 년 전과 비슷해지고 있다. 많은 사람이 기존 언어가 가진 소통의 한계를 넘어서려 하지 않은

은나라 때의 갑골문
거북이의 등껍질이나 짐승의 뼈를 사용한 복점은 신석기시대부터 행해졌지만, 여기에 문자를
새긴 것은 오직 은나라 때만의 특색이다.

가. 예를 들어, 타이완의 화성문火星文, 젊은 층 사이에서 쓰는 외계언어이나 시각 부호와 표시 모두 직접적이고 시각적인 소통 방법을 찾는 과정에서 나온 것이다. 바벨탑의 의미가 이런 시도를 자극한 것이다."

고대 서아시아 유물에 남겨진 전쟁의 역사

바빌론은 '신의 문'이라는 뜻이다. 그곳은 역사의 안개 속에서 빛나는 신비로운 도시이며, 유프라테스 강과 티그리스 강 사이의 광활한 땅이다. 수천 년이 지난 현재 이곳은 이라크와 주변 국가가 자리하고 있다. 지금이야 뙤약볕 아래 말라버린 이 땅에 있는 것은 더위와 가뭄 그리고 끝없는 분쟁뿐이지만 바빌론은 가장 오래된 인류 문명을 품어냈다.

19세기 중엽 프랑스 학자와 외교관 들은 성경에 묘사된 고대문명을 다시 한 번 찾고 싶어했다. 폴 에밀 보타Paul-Émile Botta, 1802~70. 프랑스의 외교관도 그중 하나로, 그는 오스만튀르크의 영사로 파견되어 일하던 중 1843~44년에 니네베와 코르사바드에서 아시리아의 도성지를 발굴했다. 1843년 여름의 뜨거운 태양은 서아시아 평원을 내리쬐고 있었다. 바로 이 해, 별다른 진전이 없었던 서아시아 고고학이 비약적인 발전을 하게 되는데 바로 보타의 발굴 팀이 티그리스 강 연안에서 거대한 옛 궁전 터를 발견했기 때문이다. 발굴 후 그 왕궁이 아카드의 군

루브르 박물관 고대 유물관 전경
이곳은 보타가 아시리아의 도성지를 발굴해 보낸 서아시아 유물로 가득하다.

주였던 사르곤 왕기원전 2350년 무렵에 메소포타미아에 최초의 통일 왕조인 아카드
왕조를 수립했다의 궁이었음이 밝혀지면서 보타는 전설적인 아카드 왕궁
에 삽을 꽂은 최초의 근대인이 됐다. 1847년에 보타는 이 진귀한 유물
들을 제일 먼저 루브르 궁으로 보냈다. 이에 프랑스인들은 특별히 '아
시리아 박물관'을 지어 그 유물을 보관했고 그곳은 현재 루브르 고대
유물관이 됐다.

"적군의 피가 샘처럼 협곡에서 솟아 사방에 흐르게 하고, 머리를 모
두 베어 적군의 성벽 앞에 곡식을 쌓아놓듯 쌓아라."

아시리아 제국 한 왕의 기념비에 새겨진 이 글은 어느 피바람이 휘

몰아치던 참혹한 시대를 묘사하고 있다. 고대 서아시아의 평원은 풀이 우거진 매우 비옥한 땅이었다. 얼마나 비옥했는지 주변의 많은 부족이 모두 죽을힘을 다해 이 땅을 차지하려 투쟁하며 우열을 가리려 했다. 수메르인, 아카드인, 히타이트인, 아시리아인, 칼데아인, 페르시아인 등 수많은 종족이 4,000여 년간 이 땅을 차지하기 위해 무력으로 싸웠으며 서아시아 평원에서 기병들이 달릴 동안 백성들은 도탄에 빠지고 만다. 그중에는 유목민도 있었지만, 메소포타미아 지역에 이미 수천 년 전부터 살아온 정착민도 있었다. 아라비아 사막과 시리아 사막에서 이주해 온 사람들 이외에도 자그로스 산맥이란 서부에서 남부에 걸쳐 뻗어 있는 산맥을 넘어 온 민족도 있었다.

고대 서아시아의 조각 작품들은 세월의 풍파를 겪어 대부분 온전하지 않은 모습으로 남아 있다. 그렇지만 남아 있는 작품 속 그들의 눈동자에는 여전히 초조와 공포가 서린 것처럼 보인다. 그들은 왜 떨고 있는가? 그 당시 기록을 보자. "궁전의 깊은 처소에서 사치스럽고 나태하게 지내는 여인들이 오전에는 기름으로 자신들의 손을 아름답게 가꾸다가 밤이 되면 나라가 멸망하는 기구한 운명을 맞는다. 아버지나 형제들은 이미 전쟁터에서 죽어 나갔고 그녀들은 강가까지 쫓겨 가 갈대처럼 목이 베인다. 베인 손가락은 썩어버리고 예전의 영광은 갈대 위 핏자국으로만 남았다."

「나람신의 전승비」는 루브르 박물관 서아시아 소장품 중 가장 오래된 전공 기념비다. 기념비의 주인공은 나람신Naram-Sin, 아카드 왕조의 왕, 제위 기원전 2230년경으로 이 왕은 머리에 수메르인 전설 속에 나오는 신만

「나람신 전승비」, 기원전 2254~기원전 2218년
산악지방에서 싸운 아카드의 왕 나람신과 전사의 모습이 부조돼 있다. 이
왕은 신만이 쓸 수 있다는 소뿔 투구를 머리에 쓰고 있다.

이 쓸 수 있다는 소뿔 투구를 쓰고 있다. 또한 산길을 따라 큰 보폭으로 앞을 향해 가고 있고 그의 발은 널브러진 적군의 시체를 밟고 있다. 나람신의 뒤에는 용맹한 사병들이 경건한 표정으로 군주를 우러러 보고 있다. "영토를 개척한 군주는 만천하에 이름을 남긴다"라는 말은 역대 모든 황제뿐 아니라 서아시아 평원을 누비던 수많은 군주의 공통된 희망이었는지 모른다. 그들은 이렇게 수많은 전공 기념비를 남겨 후세에 그 공적이 찬양받길 원했다.

서양 문명의 근원, 함무라비 법전

지금으로부터 3,800여 년 전, 바빌론의 왕 함무라비바빌론의 여섯 번째 왕. ?~기원전 1750년까지 통치했다. 분열된 바빌로니아를 통일해 바빌론을 수도로 하는 대제국을 건설했다 역시 석비를 남겼는데, 함무라비 석비는 서아시아 문명에 전에 없이 찬란한 역사를 가져다주었다는 점에서 주목할 만하다.

함무라비는 여느 군주와는 전혀 달랐다. 그는 뛰어난 정복자이자 석학으로 바빌론을 세계 지식의 중심지로 만들려고 무던히 노력했다. 바빌로니아 문명의 역사적 가치는 이 위대한 군주가 초석을 잘 닦아놓았기 때문에 가능했다 해도 과언이 아니다.

「함무라비 석비」는 루브르 박물관 고대동양예술관에서 가장 중요한 전시품 중 하나다. 군주를 표현한 예술품 가운데 지금까지 그 모양이

「함무라비 석비」상단
기록으로 남은 것 중 가장 오래된 법전. 이 석비는 전설적 사건을 묘사한 예술작품이자 재판에 관한 신과 인간 사이의 대화를 기록한 역사적 문서이기도 하다.

온전하게 전해 내려오는 작품은 극히 드물다. 검은색 현무암으로 제작된 이 석비 왼쪽에 서 있는 사람이 함무라비 국왕이고 오른쪽 옥좌에 위엄 있는 자세로 앉아 있는 노인은 고대 바빌로니아인들이 숭배하던 태양의 신 샤마시다. 이 부조에서 태양의 신은 제왕의 권위를 상징하는 지팡이를 함무라비에게 수여하는데 이 장면을 한자 성어로 표현하자면 '수명어천, 기수영창受命於天, 旣壽永昌', 즉 '천명을 받아 왕위에 오르면 장수를 누리고 영원히 번창하리라'라는 뜻이다.

조각의 아래쪽에는 아름다운 쐐기문자가 빼곡히 새겨져 있다. 이 내용은 수천 년 전 고대 바빌로니아 왕국을 바른길로 이끌었다. 석비 표면에 새겨진 쐐기문자는 3,500줄에 다다르고 282항목의 법 조항을 기록하고 있으며 문장은 간결하고 직설적이다. 함무라비 법전이 공포된 후 바빌로니아 왕국은 통치가 엄해졌다. 우리가 자주 인용하는 "눈에는 눈, 이에는 이"라는 말은 성경이 쓰여지기 몇 세기 전부터 함무라비 법전에 이미 명시된 내용이었다. 어찌 보면 매우 잔인하고 야만적이지만 인류 문명에서는 큰 변화이기도 하다. 이 법은 당시에 성행했던 개인적 보복을 막기 위해 처벌을 규범화했기 때문이다. 함무라비 법전의 존재는 분쟁을 해결하는 데 있어 기준을 제시했을 뿐 아니라 인류 역사상 최초로 성문 법치국가의 효시를 열었다.

함무라비 법전은 현재 프랑스의 법학대학 또는 일반대학에서 기본적인 법률 과목으로 가르치며 현대의 법률 체계에서도 그 흔적을 찾을 수 있다. 이는 바빌로니아 문명의 중요성을 보여주는 반증이다.

법이 아닌 덕으로
백성을 다스리다

'사기정師旂鼎'은 중국 고대 서주西周시대에 주조된 청동기다. 그 안쪽 벽면에 쓰여진 금문金文, 청동기 위에 주조되거나 새겨진 명문銘文. '종정문鍾鼎文' '길금문吉金文'이라고도 한다에는, 백무보伯懋父라는 장군이 탈영한 병사를 그 당시 법률에 따라 재판한 과정이 쓰여 있다. 이 명문 역시 학자들이 중국 고대 법률을 연구하는 데 쓰이는 귀중한 자료다.

금문이 새겨진 서주시대의 청동기는 수백 점이나 된다. 이 금문들은 당시의 전쟁, 토지 분배, 매매와 소송에 이르기까지 수많은 사건들을 기록해놓았다. 하지만 고대 중국은 서양의 법률과 달리 도덕과 수양으로 백성을 교화하려 했다. 공자는『논어』에서 법과 도덕을 아래와 같이 비교했다.

도지이정道之以政 제지이형齊之以刑 민면이무치民免而無恥
법제로써 다스리고 형벌로써 질서를 유지하려 한다면 백성들은 형벌만 면하고 부끄러워할 줄 모른다

도지이덕道之以德 제지이례齊之以禮 유치차격有恥且格
그러나 덕으로써 다스리고 예로써 이끈다면 부끄러움을 알고 바로잡을 것이다

2장. 최초의 두 가지 문자

서주시대에 만들어진 사기정과 그 안에 새겨진 명문
수백 점이 넘게 남아 있는 서주시대의 청동기에는 당시 전쟁, 거래, 소송 등 여러 가지 사건들이
기록돼 있다.

공자는 법률로써 범죄가 잘 다스려지는 것 같아도 이것만으로는 그 근원은 다스릴 수 없다고 했다. 하지만 도덕과 수양으로 인류의 착한 마음씨를 키워낸다면 이것이 바로 정도正道라 여겼다. 이런 도덕과 수양, 자신의 성찰을 강조한 유교 사상은 중국 고대인들이 신봉한 수신치국의 밑바탕이 됐다.

찬란한 문명의 몰락

함무라비가 죽고 난 후, 메소포타미아 유역에는 또다시 전쟁의 피바람이 불어닥쳤다. 수많은 정복자 중 가장 강하고 냉철한 아시리아인은 강력한 군사력을 바탕으로 기세를 앞세워 빠르게 자리를 잡아갔고 그 땅을 차지했다.

그로부터 2,600여 년 후, 다시 바빌론 왕국이 세워졌다. 신바빌로니아 왕 나보폴라사르Nabopolassar, 재위 기원전 625~기원전 605는 황폐한 바빌론 성지 위에 새 도시를 재건했다. 이 도시는 옛 도시에 비해 훨씬 방대했으며 찬란했다. 마치 구바빌로니아의 꿈과 영광이 하룻밤 만에 이곳에 재림한 것처럼 보였다. 신바빌로니아 성의 부유함과 강대함은 극에 다다랐다. 하지만 지나친 낭비와 자만이 곧 신바빌로니아 성에 만연하고 말았다.

그로부터 88년 후, 새로운 강자 페르시아 군대가 키루스 대제의 지

휘 아래 신바빌로니아 성을 공격했고 바빌로니아 왕조는 이렇게 사라졌다. 그 후 페르시아의 왕 크세르크세스 1세는 바빌론인들이 끝없이 반란을 일으키자 분노했고, 그 드넓고 화려한 바빌론 성과 바빌론인의 꿈과 영광을 상징했던 바벨탑을 불태우라 명한다.

2,400여 년 전, 그리스의 헤로도토스는 이미 페르시아의 손에 들어간 이곳 바빌론 성을 찾아왔다. 그 당시 바빌론 성은 전성기만큼 웅장하지도 화려하지도 않았지만 헤로도토스는 그가 직접 본 광경에 깊은 감동을 받아 『역사』에 이렇게 기록한다. "우리가 지금까지 알았던 그 어느 세계도 이곳 바빌론 성에 견줄 만큼 휘황찬란한 곳은 없었다."

신바빌로니아 왕조가 멸망할 때쯤, 아시아 대륙의 고대 중국에서도 군웅할거의 춘추전국 시대를 지나고 있었다. 그렇지만 전란이 끊이지 않았던 서아시아 평원과는 다르게 중국은 진왕秦王 영정嬴政(진시황)이 중국 최초의 통일 제국을 건설하면서 그 혼란이 잦아든다.

금천하今天下 서동문書同文 거동궤車同軌 행동륜行同倫
이제 천하의 글은 글자가 같으며 수레는 그 궤도가 같고 행동은 윤리가 같다.

『중용』에 나오는 위의 구절처럼 천하 통일을 이룬 것이다. 중국은 땅이 넓어 지역 간 언어와 관습의 차이가 많았지만 진나라는 막강한 정치력과 군사력을 바탕으로 각 지역의 문화를 잘 융합했다.

바빌론,
그 뒤의 이야기

〈서아시아 문명 대전〉 이후, 루브르 박물관 고대동양예술관의 관람객 수가 급격히 늘었다. 이곳에 전시된 예술품들 사이에 서 있으면 여전히 말이 달리고 무기가 서로 부딪치는 소리가 허공을 가르는 듯하다. 바빌론의 빛나는 인류 유산은 사막의 풍화작용에, 그리고 이라크 전쟁과 약탈, 통치자의 야심 탓에 점차 빛을 잃어가고 있다. 바빌론, 이 오래된 이야기 뒤에 어떠한 숨은 뜻이 있는지는 전 인류가 대답해야 할 문제가 아닐까.

2장. 최초의 두 가지 문자

3 / 삶과 죽음

고대 이집트의 「사자의 서」
Vs.
고대 중국의 금루옥의

고대 이집트인들은 신이 죽은 자의 망령을 언젠가 다시 육체로 돌려줄 것이라 믿었다. 한편 고대 중국인들은 이승을 떠나 천계에 이르면 아름답고 행복한 삶이 새롭게 시작된다고 믿었다. 그래서 고대 이집트인들이 다시 이생으로 돌아와 새로 태어날 수 있기를 바랐다면 고대 중국인들은 죽은 뒤에 천계에 갈 수 있기를 바랐다. 동양과 서양은 사후세계를 바라보는 시각이 달랐고 이로써 서로 다른 예술품과 유물을 남겼다. 루브르 박물관에 전시된 이집트 유물들과 고궁박물원에 전시된 청동기와 옥기玉器에서 수천 년 전 인류가 가지고 있던 삶과 죽음에 대한 인식을 알 수 있다.

　　루브르 박물관에서 인기가 높은 작품 중에 「앉아 있는 서기관」이라 불리는 조각상이 있다. 석회암으로 만든 이 조각상은 기원전 2620~기원전 2500년경의 고대 이집트 유물로서 1853년에 프랑스로 옮겨졌다. 고대 이집트에서 서기관은 역사를 기록하는 임무를 띤 매우 중요한 직책으로 당시에는 문자를 읽고 쓸 줄 아는 것이 매우 드물고 고귀한 능력이었기에 서기관들은 파라오에게 특별한 대접을 받았다. 언뜻 평범해 보이는 「앉아 있는 서기관」만 하더라도 청동으로 만든 틀 안에 수정으로 만든 눈동자를 끼워 넣어 눈빛이 살아 있는 사람 같다.

　　이 장에서는 「앉아 있는 서기관」과 함께 신비로운 고대 이집트로 여행을 시작하려 한다. 피라미드의 나라, 나일 강이 전 국토를 가로질러 흐르는 나라, 그곳의 고대 이집트인들은 태양이 매일 뜨는 것처럼, 사람도 죽으면 다시 부활한다고 믿었다. 이집트인들은 어떻게 생활했고 어떠한 예술을 창조해냈을까? 루브르 박물관과 고궁박물원 안에서 삶과

　　　　　　　　　　　　　　　　　　3장. 삶과 죽음

「앉아 있는 서기관」, 기원전 2620~기원전 2500년경
고대 이집트에서 서기관은 높은 지위를 누렸다. 이 조각상은 청동으로 만든 틀 안에
수정으로 만든 눈동자를 끼워 넣어 눈빛이 살아 있는 사람 같다.

죽음, 권력과 영원의 이야기를 찾아가보자.

샹폴리옹,
이집트 상형문자를 해독하다

오래전부터 사람들은 유럽 문명의 발원지가 고대 그리스라고 생각했는데 16세기에 이르러서는, 그리스문명이 고대 이집트에 기원을 두었을 것이라는 추측을 하게 됐다. 이 호기심은 고대 이집트를 알고자 하는 열정으로 이어졌지만, 갖가지 어려움이 앞길을 막고 있었다.

1798년 프랑스 황제 나폴레옹이 이집트로 원정을 간다. 나폴레옹은 이 출정으로 이집트를 점령하려 했으나 곧 실패로 끝나고 만다. 3년 후, 나폴레옹 군대와 동행했던 170여 명의 학자들은 수많은 기록과 수집품들을 들고 프랑스로 돌아온다. 그중에는 나일 강 지류 라시드 강 어귀 로제타에서 발견된 로제타석Rosetta stone, 글이 새겨진 고대 이집트의 돌로서 이집트 상형문자 해독의 열쇠가 됐다도 포함되어 있었다. 이것이 발단이 되어 다시 한 번 고대 이집트를 연구하는 열풍이 일어난다. 그렇지만 오랜 역사의 모래 바람이 감춰버린 고대 문명의 비밀은 쉽사리 풀리지 않았다.

다시 20여 년의 시간이 지난 1822년, 장 프랑수아 샹폴리옹이라는 사람이 드디어 이집트의 문자를 해독해내는 데 성공한다. 샹폴리옹은 60여 명의 이집트 파라오가 묻혀 있는 '왕가의 계곡'에서 3개월가량 지내면서 이집트 문자가 특정한 부호로 구성된 상형문자라는 것을 발견

3장. 삶과 죽음

한다.

투탕카멘이 묻혀 있던 왕가의 계곡은 이집트 나일 강 중류 룩소르 서쪽 교외에 있는 좁고 긴 골짜기이자 메마른 사막의 계곡으로 완벽하게 감춰져 있던 곳이다. 파라오들의 공동묘지인 왕가의 계곡을 처음 만든 사람은 이집트 제18왕조 제5대 여왕인 하트셉수트Hatshepsut, 기원전 1503~기원전 1482였다.

왕가의 계곡에서 발견된 고분벽화 중 하나인 「하토르 여신과 파라오

장 프랑수아 샹폴리옹Jean François Champollion, 1790~1832년

프랑스의 이집트 학자. '유럽 이집트학의 아버지'로 불린다. 1809년 그르노블 대학의 역사학 교수로 있으면서 오랫동안 이집트어를 연구했다. 이집트어는 표의문자라는 기존의 설을 버리고 표음문자라는 전혀 새로운 가설을 세워 1822년 로제타석 판독에 성공했으며 이로써 이집트학 연구의 길을 열어놓았다.

1826년 샹폴리옹은 국왕 샤를 10세 Charles X, 1757~1836의 명을 받아 루브르 박물관 이집트 문물관의 최초 관리자가 됐다. 그즈음 카이로 주재 영국 영사 헨리 솔트도 직접 수집한 4,000여 점의 이집트 유물을 프랑스로 옮겨 왔다. 그는 이집트관 설계와 전시물 배치를 직접하며 고대 신神 전시관, 민간 유물관과 두 개의 고분 유물관 등을 차례로 만들어냈다. 1831년 콜레주 드 프랑스의 이집트학 교수가 됐다.

유럽 이집트학의 아버지 장 샹폴리옹의 초상

나일 강 중류에 위치한 왕가의 계곡(위)
과 이곳에서 발견된 벽화「하토르 여신과
파라오 세티 1세」(오른쪽)

이집트 상형문자

히에로글리프hieroglyph라 불리는 고대 이집트의 공식 문자. 그리스어로 '성스러운 기록'을 뜻하며 기원전 3,200~394년까지 3,600여 년 동안 사용됐다. 이집트 상형문자는 표음문자인 동시에 표의문자이며, 또한 문자 자체는 발음되지 않고 그 언어의 의미를 확정하기 위해 쓰이는 결정문자단어의 맨 뒤에 붙어서 단어 전체의 뜻을 정한다의 세 가지 문자로 구성되어 있다.

「세티 1세」는 루브르 박물관의 고대 이집트 유물관에서 가장 인기 있는 작품 중 하나다. 벽화 위쪽에 있는 상형문자를 해독한 결과 이 벽화는 하토르이집트의 여신. 암소의 머리나 귀가 달린 모양으로 표현되며, 사랑·기쁨 따위를 주관한다가 저승 입구에서 파라오 세티 1세를 기다리는 모습을 그린 것임을 알게 됐다.

그 당시 각 나라 영사 사이에서 누가 이집트 유물을 많이 수집하는가를 두고 경쟁이 붙었는데 이 과정에서 수집한 유물을 통한 파라오의 세계가 유럽인들이 아는 이집트의 전부였다.

파라오의 권력을 보여주는 유물들
스핑크스, 피라미드, 호루스

「앉아 있는 서기관」(68쪽)의 눈은 앞에서도 말했듯 청동으로 만든 틀 안에 수정으로 만든 눈동자를 끼워 넣은 것이다. 수정으로 만든 눈동자에는 홈이 약간 파여 있는데 그 홈이 빛을 받아 반사함으로써 동공과 비슷한 느낌을 낸다. 그의 눈빛은 보는 사람의 위치와 상관없이 상대를 응시하는 것 같은 효과를 낸다.

이 좌상의 모델이 된 서기관은 처진 아랫배로 보아 중년 남성으로 보인다. 또한 그는 통치마를 입고 있는데 어찌나 팽팽하게 잡아당겨졌는지 그 위에 종이를 올려놓고 글을 쓸 수 있을 정도다. 이 서기관들은 오벨리스크 위, 거대한 신전 안, 무덤 벽에 역사를 기록했으며, 그보다 더 많은 내용들을 파피루스 종이에 기록했다. 이 기록들은 우리가 고대 이집트 문명을 이해하는 데 많은 도움을 주는데 이 문헌들을 토대로 우리는 당시 상황을 상상해보고 이집트인들의 생활과 역사를 재구성할 수 있다.

고대 이집트 왕국의 핵심은 파라오였다. 신의 보살핌 아래 그들은 이 세상에서 누릴 수 있는 무한한 영예를 다 누렸다. 또 이집트인들은 사람이 영원히 산다고 믿었기 때문에 파라오가 살아 있을 때 엄청난 규모의 신전과 왕릉을 지었고 파라오가 죽고 난 후에는 그의 몸을 미라로 만들어 썩지 않도록 주문을 걸고는 다음 생애에 다시 부활하기를

파라오

본래 '성스러운 권좌'를 의미하는 것이었으나 시간이 지나면서 통치자를 뜻하는 말로 변화했다. 고대 이집트인들에게 파라오는 하늘에서 땅을 지배하는 신들의 후손으로서, 태양신 라가 점지하며, 신과 같은 자격으로 지상에서 가장 소중한 보물인 이집트 지역을 보호하는 것이 그 임무라고 여겨졌다.

3장. 삶과 죽음

루브르 박물관 고대 이집트관의 대표적인 유물인 대형 스핑크스, 기원전 2700~기원전 2200년경
범접할 수 없는 권력의 상징인 사자의 몸에 파라오의 얼굴을 조각해 파라오의 권력을 드러냈다.

기다렸다.

루브르 박물관의 고대 이집트관 문 앞을 지키고 있는 화강암으로 만들어진 스핑크스, 사자의 몸에 파라오의 얼굴이 조각되어 있는 거대한 조상이다. 고대 이집트에서 사자는 범접할 수 없는 권력의 상징이기에 고대 이집트인들은 자주 파라오의 얼굴과 사자의 몸을 붙여 조각해 파라오에게 야수 같은 힘과 위엄을 부여하고 그로 하여금 신전과 피라미드를 지키게 했다.

또한 피라미드는 파라오의 왕권을 보여주는 상징적인 건축물이다. 우뚝 솟은 피라미드를 따라 파라오의 영혼은 하늘의 경계까지 날아오르며 그의 사후 여행이 시작된다.

무엇보다 루브르 박물관의 이집트관에서 가장 신비롭게 다가오는 부분은 독수리 모양이 벽화, 조각상, 무덤 그리고 신전 등 그 어떤 곳에서도 빠지지 않고 등장한다는 것이다. 그것은 이집트인들이 파라오가 태양의 신 호루스의 화신이 되어 그가 인간들 앞에 독수리의 모습으로 나타난다고 믿었기 때문이다.

상주시대 중국 황제의 권력, 청동대정

고대 이집트에 있었던 '군권신수君權神授' 군주의 권력은 신이 내린다의 이념은 고대 중국에도 존재했다. 『주례周禮』에 보면 중국 황제 역시 하

3장. 삶과 죽음

청동대정, 타이베이 국립고궁박물원, 상주시대
정은 한 국가를 이루는 중요한 요소다. 은나라부터 주나라 시대까지 수도를 정하
거나 새로운 왕조를 세울 때 '정정定鼎'이라고 했으며 국가가 멸망하는 것을 '정
천鼎遷'이라 했다.

늘의 아들인 '천자天子'로 불린다. 이 개념으로 보았을 때 천자는 하늘의 뜻에 따라 이 땅의 살아 있는 모든 생명을 통솔해야 한다. 또 그들은 황궁을 천제의 궁전인 자미궁전紫微宮殿에 빗대어 자금성이라 불렀다. 자금성을 가득 메운 자색은 기쁨과 행복을 상징하며, 동시에 우주의 중심인 북극성을 상징한다. 자금성 안에 보이는 용은 황제와 중화민족의 상징물로 중국인들은 자신을 '용의 후손'이라 칭한다.

앞에서 말한 피라미드가 파라오 왕권의 상징이라면 상주시대 중국 천자의 왕권을 보여주는 상징물은 바로 청동대정青銅大鼎이다. 중국 전설 중 하우夏禹 왕은 하 왕조의 9주(즉 기주冀州·연주兗州·청주青州·서주徐州·양주揚州·형주荊州·예주豫州·양주梁州·옹주雍州)의 청동으로 빚은 정鼎, 제사에서 쓰는 예기일 뿐 아니라 한 국가를 이루는 중요한 요소다. 은나라부터 주나라 시대까지 수도를 정하거나 새로운 왕조를 세울 때 '정정定鼎'이라고 했으며 국가가 멸망하는 것을 '정천鼎遷'이라 했다을 형주의 산 아래 모아놓았는데 그 아홉 개의 정은 9주를 상징했다.

중국 고대미술사 전문가인 시카고 대학의 우훙巫鴻, 1959~ 교수에 따르면, 고대 이집트인과 고대 중국인(특히 상주시대의 사회)은 비슷한 점이 많으며 이런 귀천과 상하 개념은 당대 예술에 고스란히 반영됐다. 예를 들면 종묘와 거대한 왕릉 모두 통치자의 권력을 강조하는 한 방법이었다. 당대에 예술은 권력자들이 자신의 권력을 강화하려는 도구였기에 우리는 예술작품을 통해 당시의 정치적, 사회적 모습을 찾아볼 수 있다.

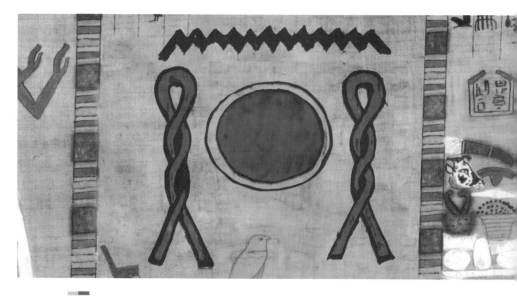

나일 강과 황하, 물을 다스리다

　　고대 이집트 사람들은 나일 강에 대홍수가 일어나는 매해 7월이 되면 불안 속에 하루하루를 보냈다. 한편으로는 홍수로 범람한 물이 모래사막을 덮어 비옥한 땅으로 만들어주리라는 기대도 했다. 나일 강이 정기적으로 범람해 강 주위 땅이 비옥해졌기에 농사를 지을 수 있었기 때문이다.

　　고대 이집트의 고분벽화에는 당시의 생활상이 잘 그려져 있다. 이

■■■■
이집트 고분벽화, 기원전 1479~기원전 1425년
나일 강의 물이 빠진 뒤 경작하는 모습을 볼 수 있다.

그림에 사용된 기호들은 당시 이집트인들이 사용한 문자로 위쪽에 물
결 모양은 나일 강을, 아래의 빨간 원은 태양을 뜻한다. 이 그림은 나일
강(반복적인 범람)과 태양(일출과 일몰)을 표현해 나일 강이 영원히 범람
하기를 바라는 이집트인들의 염원을 담았다.

　1년에 한 번 범람했던 나일 강의 물이 빠지고 강물 아래 있던 땅이 모
습을 드러내면 그림에서처럼 남자들은 농기구를 들고 땅을 개간하여 파
종하고 수확을 한다. 여자들은 바로 뒤에 따라가면서 바닥에 떨어진 보
리 이삭을 줍거나 물과 밥을 나르기도 한다. 다음 페이지의 그림을 보자.

　표범무늬 원피스를 입고 소 다리로 만든 의자에 단정하게 앉아 있는

3장. 삶과 죽음

이집트 공주 네페르티아베트의 묘에 있는 석비, 기원전 2620~기원전 2500년경

패셔너블한 공주 네페르티아베트는 이미 이 세상 사람이 아니지만 여전히 그 누구보다 더 아름답게 치장하고는 탁자 앞에 앉아 노비들이 올린 노루 다리, 빵, 맥주를 한껏 즐기고 있다. 이러한 풍요가 가능한 것도 모두 나일 강의 범람 덕분이리라.

황하 또한 나일 강처럼 고대 문명을 품어냈지만 시간을 잘 지키지도 인심이 후하지도 않았다. 황하의 물살은 모든 것을 잡아먹을 듯이 서슬 퍼렇게 날이 서 있으며 그 성질 또한 불같다. 또 강물에 진흙이 많아 강둑을 점점 더 높이 올려도 황하의 범람을 막지 못해 강 연안의 기름진 땅과 생명들이 번번이 물속에 잠기곤 했다. 그런데 고대 이집트인이 나일 강을 숭배한 것과 달리, 중국인들은 수천 년 동안 모든 방법을 동원

대우大禹의 치수治水

대우는 하우 또는 융우戎禹라고도 불리며 치수에 성공해 농업을 발전시킴으로써 중국에서 요堯, 순舜과 더불어 원시 고대의 세 현군으로 숭앙받는다. 대우는 제방을 쌓아 홍수를 막으면 오히려 더 큰 문제가 생길 수 있다고 생각해 '막을 곳은 막고 틔울 곳은 틔운다'라는 원칙으로 치수를 해나가기 시작했다. 움푹 들어간 지대를 발견하면 지면을 높여주고, 하천은 바다로 흘러들도록 했다. 치수를 위해 집을 13년 동안이나 떠나 있었는데 그 와중에 세 번이나 집 앞을 지나면서도 한 번도 들르지 않았다고 한다.

「대우치수옥산」
고대 이집트인이 나일 강을 숭배한 것과 달리, 중국인들은 수천 년 동안 모든 방법을 동원해 황
하의 범람을 막으려고 했다.

해 황하의 범람을 막으려고 했다.

건륭제는 상고시대 현군인 대우가 사람들을 이끌고 황하의 물을 다스린 이야기를 거대한 옥 바위 위에 새겨 넣은 「대우치수옥산大禹治水玉山」을 제작하라 명했다. 이와 같이 역대 황제들은 황하의 물을 다스리는 것을 매우 중시했으며 대우의 치수 이야기는 지금까지도 아름다운 신화로 전해 내려오고 있다.

이집트 예술의 흐름과 아크나톤의 새로운 시대

이집트 왕국은 기원전 3100년경에 최초로 통일됐다. 통일 전, 이집트에는 상이집트와 하이집트, 두 개의 왕국이 존재했다. 상이집트 사람들은 흰색을 좋아해 그들의 국왕은 흰색 모자를 썼고 대머리 독수리를 숭배했다. 그와 다르게 하이집트 사람들은 빨간색을 좋아해 국왕은 빨간색 모자를 썼고 코브라를 그들의 수호신으로 여겼다. 이후 상이집트가 하이집트를 정복해 이집트는 하나의 완전한 통일 제국이 됐다.

「사왕의 비Tombstone of King Snake」는 고대 이집트 제1왕조의 파라오인 제트의 묘비다. 궁전을 상징하는 사각형 안에 있는 뱀 한 마리는 이집트의 왕을, 그 위 궁전 지붕에 앉아 있는 독수리는 신의 화신을 뜻한다. 고대 이집트에서는 뱀, 궁전, 독수리의 결합으로 왕권의 신성함을 표현했다.

「사왕의 비」, 기원전 2980년경
뱀, 궁전, 독수리의 결합으로 왕권의 신성함을 표현했다.

통일된 이집트는 안정된 정치 제도, 나일 강 유역의 비옥한 땅으로 이집트 사람들에게 안정적인 생활과 풍족함을 안겨주었다. 이러한 풍요 속에 예술 또한 융성해 이집트 양식—기하학적 규칙과 자연에 대한 관찰을 바탕으로 그렸으며, 인물의 경우 몸통은 정면을 향하고 손과 발은 측면을 향한다—이 확립됐다. 이집트인들은 한 폭의 그림, 한 점의 부조를 만들 때도 신성한 법규와 정해진 크기에 따라 완성해야 했다. 예를 들어 좌상의 경우 두 손은 언제나 무릎 위에 가지런히 올린 모습으로 그려야 했으며, 남자는 반드시 여자보다 더 크고 피부색도 더 진하게 그려야 했다. 또 신분이 높은 남자는 다리를 앞뒤로 벌리게 그리는 식이었다.

그런데 이런 예술 형식이 단 한 번 깨진 적이 있다. 제18대 왕조의

아크나톤Akhnaton, 재위 기원전 1351~기원전 1334년경

원래 이름은 아멘호테프 4세로 왕비는 네페르티티다. 그는 태양을 상징하는 유일신 아톤을 신봉했다. 그러나 수도 테베에서는 주신主神 아몬의 사제司祭들이 권력과 막대한 부를 누리고 있어 아크나톤은 종교개혁을 단행했다. 치세 6년에 자신의 이름을 '아톤에게 이로운 자'를 뜻하는 아크나톤으로 개명하고 수도를 테베에서 텔엘아마르나로 옮기고, '아케트아톤'Akhetaton, 아톤의 지평선이라는 뜻이라 이름 붙였다.

「딸들을 안고 있는 아크나톤과 네페르티티」
한가운데 태양은 아톤 신이다. 왼쪽의 왕비 네페르티티를 왕과 같은 크기로 묘사한 것은 기존의 형식을 벗어난 것이다.

3장. 삶과 죽음

「아크나톤 조각상」, 기원전 1351~기원전 1334년경
아크나톤을 표현한 작품은 잘생기고 엄숙한 용모로 조각된 파라오들과 달랐다.
그 스스로 조각가에게 자신의 실제 모습과 똑같이 만들어달라고 했기 때문이다.

10대 파라오 아크나톤 대였다. 아크나톤을 표현한 조상이 잘생기고 엄숙한 용모로 조각된 파라오들의 모습과 달랐던 것은 그 스스로 조각가에게 자신의 실제 모습과 똑같이 만들어달라고 했기 때문이다. 이런 표현 방법은 당시로서는 반역 행위나 다름없었지만, 결국 그는 후세에 오래도록 이름을 남기게 됐다.

루브르 박물관은 예전의 이집트풍에서 많이 벗어난 아크나톤 왕 시대의 예술품을 많이 소장하고 있다. 이 시기의 예술품은 마치 유성처럼 짧은 기간에 밝게 빛났다. 18왕조 시대에 이런 새로운 면모가 나타난 것은 그 당시 왕이 이집트 미술가들의 작품보다 훨씬 덜 엄격하고 경직되지 않은 이국의 작품들에 주의를 돌릴 수 있었기 때문이다. 아크나톤이 죽은 후 그의 혁명은 끝났고 이집트는 다시 예전과 같은 이집트 양식의 작품을 생산했다. 이 시기를 제외하고는 기원전 2600년경의 고대 왕국부터 기원전 600년경의 신왕국까지 긴 역사 동안 이집트 예술은 거의 변하지 않았다.

이집트인들, 영원한 삶을 꿈꾸다

고대 이집트인들은 삶과 죽음이 매일 태양이 뜨고 지는 것과 같고 나일 강 물이 범람하고 마르는 것처럼 돌고 도는 것이라고 생각했다. 이들은 나일 강을 삶과 죽음의 경계로 보았기에 나일 강 동쪽에는 도시를 지었고 서쪽에는 거대한 신전과 왕릉을 지었다. 또 사람이 죽으면 동쪽 연안에서 태양의 신의 배에 올라타 하늘과 대지 그리고 나일 강을 건너 무덤으로 가고, 언젠가 신께서 죽은 자의 망령을 다시 육체로 돌려줄 것이라 믿었다. 이들에게 죽음은 부활의 시작이다.

이집트인들은 우자트Udjat의 수호신과 같이 신께서 시신이 다른 악령

파라오의 시신을 나르는 배와 우자트

루브르 박물관이 소장한 작은 배 유물을 보면 배의 가운데에 천막이 처져 있고 파라오의 시신이 그 아래 놓여 있다. 주변에는 노비들이 꿇어앉거나 서서 그를 보호하면서 파라오를 저승세계로 데려가는 것처럼 보인다(이집트 고대 문자 '배'에는 '여행'이라는 뜻이 있다). 이집트인들은 죽음이 나일 강의 이쪽 연안에서 저쪽 연안으로 옮겨지는 과정이라고 생각했다. 그 배 귀퉁이에 그려진 신비한 눈은 부활과 정의를 상징하는 호루스 신의 왼쪽 눈, 우자트다. 매섭게 쏘아보는 매의 형상을 가진 호루스의 눈은 사악한 것들에서 보호해주는 부적으로 쓰였다. 이집트인들은 우자트의 눈을 피라미드의 미라나 장신구에 그려 넣음으로써 우자트가 왕과 자신을 수호해준다고 믿었다.

한나라 제왕의 고분에서 발견된 금루옥의
옥은 중국의 장례에서 중요한 부분을 차지한다. 한나라인들은 금루옥의를 통해 죽은 자의 아름다운 내생 또한 상상했다.

에게 공격받지 않고 내생을 기다리도록 지켜줄 것이라고 여겼다. 그리하여 그들은 시신을 정성껏 안치했으며 생전에 좋아했던 물건이나 심지어는 동물도 함께 망자를 대하듯 조심스럽게 묻어놓았다(이집트의 고분에서 동물의 미라가 자주 출토되는 것도 바로 이 때문이다). 이들은 멀리 여행가는 사람처럼 짐을 다 쌓아놓고 평온하게 떠났다가 여행이 끝나고 돌아왔을 때 그 짐을 풀면 다시금 이 세상으로 다시 돌아온다고 믿었다.

중국 제왕의 고분에서도 비슷하지만 조금 다른 시신 처리 방식을 찾아볼 수 있다. 옥을 금실로 꿰매 만든 수의로 시신을 싸는 방법으로 이를 금루옥의金縷玉衣라 불렀다. 옥은 돌의 한 종류이긴 하지만 그 모양이 매우 아름다워 사람들은 옥으로 치장하면 신이 될 수 있다고 상상

3장. 삶과 죽음

했다. 이런 상징성 때문에 옥은 중국의 장례에서 중요한 부분을 차지했다. 사람들은 금루옥의에 죽은 자의 내생이 아름답기를 바라는 마음을 담았다.

금루옥의는 주로 한나라 귀족들의 수의로 제작됐는데, 이 수의에는 눈도 있고 코도 있으며 자그마한 입도 있다. 또 수의의 손 부분은 많은 정성을 들여 조각해낸 것이다. 수의를 입은 망자의 몸이 썩어 없어질 수도 있지만 수의의 모양이 그를 대신해 존재할 것이라 생각했기 때문이다. 이것은 죽은 자가 영원히 존재한다는 믿음을 드러내기도 한다. 한나라인의 죽음에 대한 인식이 이집트인들의 그것과 크게 다르지 않음을 알 수 있다. 한나라인들 또한 신이 되기를 바랐으며 영원히 사는 것을 원했다. 그렇지만 그것을 실현하려는 방법은 서로 달랐다.

영생에 대한
관념의 차이

불교가 중국으로 전해지기 전, 중국에는 6도윤회의 생사 관념이 없었다. 한나라 이전의 사람들은 하늘과 땅 그리고 사람이 우주를 구성하고 있다고 생각했다. 또 하늘은 양을, 땅은 음을 나타내며 사람이 죽으면 혼魂이 육체를 벗어나 천계(하늘)로 올라가지만 혼백魄은 죽은 육체와 함께 지계(땅)에서 소멸한다고 믿었다.

한나라인의 내세관은 당대 고분에서 발견된 백화帛畫, 비단에 그린 그림에도 잘 드러난다. 먼저 후난 성湖南省 창사長沙 교외의 유적지 마왕퇴에서 발견된 백화 「마왕퇴백화馬王堆帛畫」를 보자. 이 그림은 세 부분으로 나뉘어 있다. 가장 윗부분에 그려진 것은 천계로 오른쪽 위의 동그란 것이 태양이다. 왼쪽 윗부분에는 초승달이 그려져 있으며 두 마리 용이 날아다니는 하늘 아래 신선 둘이 앉아 있다. 중간은 인간이 사는 세계다. 가운데 노파가 지팡이를 짚은 채 서 있고, 그 앞에 두 사람이 무릎 꿇고 맞이하며 그 뒤로는 세 명의 소녀가 따르고 있다. 바로 그 아래는

6도윤회六道輪廻

불교에서 중생이 깨달음을 얻지 못하고 윤회할 때 자신이 지은 업業에 따라 태어나는 세계를 여섯 가지로 나눈 것. 지옥도地獄道·아귀도餓鬼道·축생도畜生道·아수라도阿修羅道·인간도人間道·천상도天上道를 말한다. 이들 중 앞의 세 가지(지옥도·아귀도·축생도)는 악한 업으로 인해 태어나는 나쁜 세계라는 뜻에서 3악도三惡道라 하며, 뒤의 세 가지(아수라도·인간도·천상도)는 선한 업으로 인해 태어나는 다복한 세계로 3선도三善道로 불린다. 하지만 이런 차이가 있더라도 6도는 번뇌에 물들어 바른 행위를 하지 못하고 잘못을 범하는 상태의 세계다. 또 만물은 열반에 이를 수 있을 때까지 탄생과 재탄생을 반복하면서 윤회하여 생사의 고통을 받는다.

현대의 학자들은, 6도가 깨달음을 얻지 못한 중생이 태어나는 세계일 수도 있겠지만, 이들이 주관적으로 경험하는 현실적·관념적 세계, 즉 중생의 마음이나 의식을 뜻한다고 해석하기도 한다.

티베트 불교의 「6도윤회도」

3장. 삶과 죽음

한나라의 「마왕퇴백화」와 도해

천계, 인간계, 지계로 나뉘어 그려진 이 그림은 당대 중국인들의 내세관을 잘 보여준다.

후난 성 창사에서 출토된 「인물어용백화」와 「인물용봉백화」
이 그림에는 천계에서 행복하게 살기를 희망한 한나라 사람들의 바람이 드러나 있다.

바다와 지하의 모습으로 한 장사가 두 손으로 대지를 받치고 있다. 장사의 주변에 있는 독특한 새들 덕분에 이곳이 신비로운 곳으로 느껴진다.

후난 성 창사에서 출토된 「인물어용백화人物御龍帛畵」와 「인물용봉백화人物龍鳳帛畵」는 모두 혼을 안내하는 이야기를 묘사한 그림인데, 그림 속 남녀 모두 소매가 길고 넓은 도포를 입었으며 그 자태에 품위가 넘치고 화려해 마치 신선 같아 보인다. 한편 그림 속 여인은 두 손을 합장해 용과 봉황을 이끌 수 있음을 감사하고 있다. 이렇듯 사실과 환상이 적절히 섞여 있는 그림은 한나라 사람들이 무엇을 추구했는지를 잘 표현하고 있다. 즉, 그들은 죽은 뒤 천계에 가기를 간절히 바랐으며 그곳에서 이생보다 더 행복하게 살길 희망했다. 그들에게 천계는 자유롭고 낭만적인 곳이었다.

고대 중국인들이 죽은 뒤에 천계에 갈 수 있기를 바랐다면, 고대 이

3장. 삶과 죽음

「사자의 서」
이집트의 모든 무덤
에는 사후세계의 안
내서인「사자의 서」
가 들어 있다. 죽은
자가 받는 심판 중 가
장 중요한 것은 여신
마트의 깃털과 함께
마음의 무게를 저울
양쪽에 매다는 의식
이다.

집트인들은 다시 이생으로 돌아와 새로 태어날 수 있기를 바랐다. 영원
한 삶을 꿈꾸는 것은 같지만, 죽음 이후의 삶에 대해서는 서로 다른 관
념을 갖고 있었던 것이다.

　루브르 박물관에 소장된 이집트 예술품은 대부분 고분에서 발굴된
벽화나 유물 들로 이는 긴 시간 고분 안에 잠든 사람의 내생을 위해 준
비된 것들이다. 이집트인들이 내생의 사소한 부분까지 벽화에 그려둔 것
은 죽은 후 많은 시험을 거쳐야만 사후세계에 들어갈 수 있었기 때문이
다. 이런 규칙과 시험을 기록한 문서가 바로「사자死者의 서書」다. 이집트
의 모든 무덤에는 그 무덤의 주인이 어떻게 신을 찬양하고 어떻게 시험
을 통과하며 어떻게 내세에 태어날 기회를 얻는가에 대해 상세하게 알려
주는 '사후세계 안내서'가 함께 묻혀 있다. 이 기록에 따르면 죽은 자가

받는 심판 중 가장 중요한 것은 마음의 무게를 재는 의식인데 죽은 자의 심장과 정의의 여신 마트의 깃털을 저울의 양쪽에 매달았을 때 죽은 자의 심장이 더 무거우면 그는 죄가 있다 여겨져 저승의 한쪽 구석을 지키고 있는 아뮤트 신악어의 머리, 사자의 갈기와 하마의 다리를 한 신에게 심장을 먹힌다. 만약 심장과 깃털의 무게가 같다면 죽은 자는 죄가 없어 신의 축복을 받으며 다시 이생으로 돌아오는 여행길에 오르게 된다고 한다. 「사자의 서」는 서기관이 종이에 기록하고 조각공이 무덤의 벽에 조각하는데, 그 길이가 엄청나다.

　고궁박물원에 전시된 청동정과 금루옥의, 그리고 루브르 박물관에 전시된 이집트 예술품 모두 수천 년 전 인류의 생활상과 동시에 그들이 가지고 있던 삶과 죽음에 대한 인식을 전한다.

제사 음식을 머리에 인 여인

이집트 고분에서 발견된 이 '제사 음식을 머리에 인 여인'으로 불리는 아름다운 조각을 보자. 여인은 긴 옷을 입었지만 아름다운 몸매를 드러내고 있으며 정교하게 조각됐다. 그녀의 한쪽 손에는 물병이 들려 있고 머리에는 음식 바구니를 이고 있다. 이것들은 분명 무덤의 주인에게 바칠 음식과 물이었을 것이다.

3장. 삶과 죽음

4 / 신과 인간

고대 그리스의 여신
Vs.
고대 중국의 선녀

비너스, 니케 등 그리스의 여신들은 모두 날개
를 달고 있다. 하지만 중국에서는 하늘을 나는
모습을 표현할 때 날개를 그리지 않는다. 예술
작품에 있어서 이 표현의 차이는 두 문명의 서
로 다른 세계관에서 비롯했다. 왜 그리스인은
사실적인 형체를 추구하게 되고, 중국인들은
추상적인 선을 추구하게 됐을까? 고대 그리스
와 중국의 서로 다른 세계관이 어떻게 두 문명
의 예술과 문화를 서로 다른 방향으로 이끌게
됐는지 살펴본다.

　현재 루브르 박물관에 소장된 「사모트라케의 니케」는 2,200여 년
전, 사모트라케 섬의 제단 극장 위에서 선원들이 재난을 당하지 않도
록 보호하고 있었다. 이 조각은 로도스인들이 해전에서 거둔 승리를 기
념해 제작됐을 것으로 추정된다. 「사모트라케의 니케」는 1863년 폐허가
된 사모트라케 섬 카비로이 성소에서 발굴된 뒤 이곳으로 옮겨졌는데,
다른 조각들이 전시홀에 놓인 반면 이 작품은 홀로 드농관의 계단 꼭
대기에 서 있다.

　이곳에서 그녀는, 여전히 큰소리로 "나는 영원한 승리의 상징이다"
라고 외치는 듯하다. 「사모트라케의 니케」는 왜 '루브르의 가장 진귀한
보물'이 됐을까? 또 루브르 박물관의 가장 높은 곳에 자리를 잡게 된
이유는 무엇일까?

　　　　　　　　　　　　　　　　　　　　　　　4장. 신과 인간

「사모트라케의 니케」, 기원전 190년경
헬레니즘 시기를 대표하는 조각으로 날개가 기울어진 각도, 왼쪽 다리의 위치, 바람이 불어 여
신의 다리를 휘감은 듯한 옷의 표현은 이 신상이 날아오르는 듯한 인상을 준다.

카리아티드홀에서 만난
서양문명의 근원

승리의 여신의 고향인 그리스에서, 아테네 아크로폴리스의 신전들은 '여신 기둥'으로 이름을 알렸는데, 이 기둥들 역시 루브르 박물관에서 쉽게 볼 수 있다. 또 루브르 박물관 내 그리스의 조각상을 진열해놓은 카리아티드홀카리아티드caryatid는 여인상으로 된 돌기둥을 지칭하는 건축용어다. 이 이름은 페르시아 전쟁이 끝난 뒤 그리스의 노예가 된 카리아이의 처녀들에서 비롯했

루브르 박물관의 카리아티드홀
입구 복도에 전시된 네 개의 기둥 때문에 여신 기둥홀로도 불린다.

4장. 신과 인간

다고 한다. 속죄의 의미로 처녀 입상을 세워 공공 건축물의 보를 떠받치게 했기 때문이다

은 입구 복도 쪽에 전시된 네 개의 기둥 때문에 '여신 기둥홀'로도 알려져 있다.

고대 그리스가 점점 몰락함에 따라 그리스 조각품들이나 그 잔편들은 세계 각지로 약탈되어 갔는데, 이는 역설적이게도 그리스문명이 퍼져나가는 계기가 됐다. 정복자는 그리스 영토를 정복했지만 스스로 그리스의 아름다움에 정복당하고 말았다. 휘황찬란했던 고대 그리스문명은 오늘날 서양문명의 근원이며, 현존하는 대부분의 서양 예술작품 안에서 그리스가 남긴 그림자를 찾아볼 수 있다. 예를 들어 건축물에서 쓰이는 코린토스, 이오니아 같은 용어도 그리스 예술의 잔재다.

세계관의 차이, 예술의 차이

중앙미술학원의 쑤이젠궈隋建國, 1956~ 교수는 여신이 단 날개에 대해 이렇게 말한다. "왜 고대 그리스 여신들은 새의 날개를 달고 있을까? 여신뿐 아니라 서양 천사들도 새의 날개를 달고 있다. 그 날개는 진짜 날개처럼 몸과 잘 연결돼 있고 매우 생동감이 있다. 하지만 중국화에서 하늘을 나는 모습을 표현할 때는 보통 날개를 쓰지 않는다. 몸을 휘감은 천이 휘날리는 모습만으로 나는 것을 보여줄 수 있기 때문이다. 이 표현의 차이는 서로 다른 세계관에서 비롯했다."

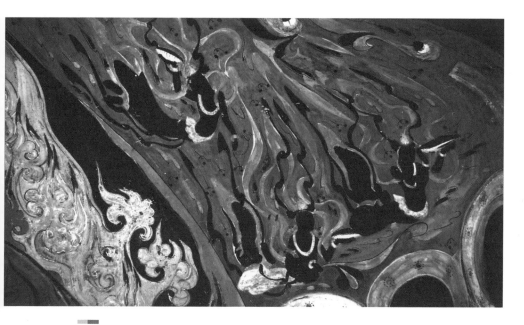

중국화에 표현된 선녀의 모습
중국화에서 하늘을 나는 모습을 표현할 때는 날개를 그리기보다 천이 휘날리는 모습을 그린다.

건축물을 통해서도 우리는 중국과 그리스의 표현 방식에서 차이를 본다. 고궁박물원과 루브르 박물관을 각각 떠받치고 있는 기둥들을 보더라도 그 차이는 단박에 알아차릴 수 있다. 고궁박물원의 기둥들은 별 다른 장식 없이 둥근 모양인 반면에, 루브르 박물관의 기둥들은 세밀하게 조각되어 있어 화려해 보인다. 전자는 담백한 여백이 느껴진다면, 후자는 사실적인 정교함이 두드러진다. 다른 건축물 양식이나 장식물의 문양에서 보더라도 고대 중국인들은 추상적인 선과 모양을 추구한 반면에 그리스인들은 사실적인 형체를 더욱 추구했다는 점을 잘 알 수 있다. 그렇다면 두 나라의 세계관은 어떻게 다르기에 이러한 표현의 차이가 생겨난 걸까?

중국은 농민들의 힘으로 발전했다. 풍요로운 토지는 해마다 수확의 기쁨을 누리게 하고 인간으로 하여금 하늘에 감사하게 했다. 따라서 예술 역시 하늘의 뜻을 지향했으며 모호하거나 추상적이어서 어렵게 느껴질수록 하늘의 뜻에 더 가깝다고 여겼다. 반면 유럽 대륙 남쪽의 척박한 땅, 그리스는 농업보다는 상업이 더 발달했고 하늘의 뜻보다 인간 스스로의 힘에 더 의존해 살아왔다. 물론 그리스인들도 신전을 지었다. 하지만 그 신은 인간과 크게 다르지 않은 신으로, 그리스 신전은 황제를 모시는 자금성과는 느낌이 사뭇 다르다. 이곳으로 들어서서 여러 신들 사이에 서면, 자신이 곧 이 신전의 일부분임을 느끼게 된다. 그곳에서 인간은 신과 같은 존재감을 가지며 그렇기에 '만물의 척도'가 될 수 있었던 것이다.

밀로의 비너스가 들려주는 이야기

루브르 박물관의 세 가지 보물 중 두 가지가 모두 그리스에서 왔는데, 하나는 「사모트라케의 니케」이고, 다른 하나는 바로 「밀로의 비너스」다(사실 비너스라는 이름은 정확한 지칭이 아니다. '비너스'는 로마신

「밀로의 비너스」, 기원전 130~기원전 100년경
고대 그리스 예술의 이상이 잘 표현된 작품이다. 이 작품은 아름답고 완벽한 균형을 이룬 몸매 덕분에 미美의 전형으로 알려져 있다.

화에서 아프로디테에 해당하는 여신의 이름이기 때문이다). 이 조각상은 1820년 밀로 섬에 있는 아프로디테 신전 근방에서 밭을 갈던 한 농부에 의해 발견됐다. 이를 당시 이 섬에 정박 중이던 프랑스 해군이 입수해 루이 18세에게 헌납했고 왕명으로 루브르 박물관에 소장됐다. 1821년 비너스가 루브르 박물관에 도착했을 당시, 이는 프랑스가 소장한 유일한 대형 그리스 조각상이었다. 그전까지 프랑스는 주로 로마의 복제품을 통해 그리스의 조각상을 이해해왔다.

그리스 신화에 따르면 아프로디테는 바다의 새하얀 거품 속에서 태어났다고 한다. 흰 도자기 같은 피부, 완벽한 몸매의 그녀는 천상계에서 가장 아름다운 신이지만, 가장 못생긴 대장간의 신 헤파이스토스와 결혼했다. 결혼한 뒤에도 그녀의 바람기는 끊이지 않아 전쟁의 신 아레스의 연인이 됐고, 얼마 지나지 않아서는 인간계의 소년 아도니스를 사랑하게 된다. 분노한 아레스는 멧돼지로 변하여 아도니스를 받아 죽였다. 아도니스가 죽으면서 흘린 피에서는 아네모네가 피어났고, 여신 아프로디테의 눈물에서는 장미꽃이 피어났다고 전한다.

이 반라의 아프로디테에서 가장 뛰어난 점은 두말 할 것 없이 그녀가 두른 천의 표현이다. 조각가는 아주 세세한 주름까지 보일 정도로 옷깃을 표현해냈다. 보관상태 또한 온전한 편이라 이 조각상은 루브르 박물관에 오자마자 엄청난 명성을 갖게 됐다.

존재의
반대편을 보다

배를 타고 아테네를 떠나, 에게 해 위에 있는 밀로 섬으로 가다 보면 작은 섬 하나하나가 구슬같이 떠 있다. 쑤이젠궈 교수는 이곳에서 영감을 받아 특별한 비너스를 제작하고 있다. 바로 좌와 우가 바뀐 「반전된 비너스」다. 이 작품은 모든 방면에서 경계를 넘나든다. 신화를 넘고, 서양과 동양의 장벽을 넘고, 역사와 현실 사이 역시 넘어서려 하고 있다. 쑤이젠궈 교수는 이 작품의 영감 절반은 밀로 섬에서 얻었지만, 절반은 오늘날의 장쑤 성江蘇省 일대에서 얻었다고 한다.

장쑤 성 남부에는 단양丹陽. 남조南朝의 제고제齊高帝 소도성(蕭道成, 427~82)과 양무제梁武帝 소연(蕭衍, 464~549)의 고향이기도 하다이라는 도시가 있는데, 단양의 교외에는 잡초들로 뒤덮인 옛 황릉 터가 있다. 이곳에는 「양문제건릉신도석주梁文帝建陵神道石柱」라는 버섯 모양의 신도비神道碑 두 개가 좌우 대칭으로 세워져 있다. 흥미로운 것은 그중 한쪽 석비에 새겨진 글자가 다른 한쪽 석비에 새겨진 글자와 완벽한 대칭을 이룬다는 것이다. 이렇게 글자를 새긴 이유는 무엇일까? 쑤이젠궈 교수의 설명을 들어보자.

"고대 중국에 이런 개념이 있었다. 당신이 지금 여기에 존재하고 있다면, 당신이 보는 것들은 모두 왼쪽은 왼쪽, 오른쪽은 오른쪽일 거다. 그러나 만약 당신이 이 세계에 존재하지 않는다면, 모든 것이 그 반대가 될 것이다. 당신이 죽었거나, 과거의 세계에 있거나, 아직 태어나지

4장. 신과 인간

비너스와 나란히 놓인 쑤이젠궈의 「반전된 비너스」
작가는 두 작품의 상반된 모습이 중국 문화와 서양 문화의 큰 차이를 상징한다고 말한다.

장쑤 성 남부 단양의 「양문제건릉신도석주」

않았거나, 미래의 세계에 있다면, 혹은 그 어디엔가 당신이 존재하고 있는 장소에서 오늘날 우리가 살고 있는 이 세계를 본다면, 지금 내가 보는 것과 달리, 정반대로 보일 거다. 왼쪽은 오른쪽이 되고, 오른쪽은 왼쪽이, 앞은 뒤가 되고, 뒤는 앞이 된다. 여기서 반대로 써놓아야만 저승에 있는 사람이 똑바로 읽을 수 있다.

마찬가지로 내가 이 작품을 만들고자 한 것은 바로 당신이 또 다른 공간에서 이 조각상을 바라보았을 때 제대로 보게 하기 위해서다. 난이 두 작품의 상반된 모습이 중국 문화와 서양 문화 사이의 큰 차이를 상징한다고 본다."

반전된 비너스의 육체는 중국의 진흙으로 채워졌다. 혹은 중국의 진흙으로 그리스의 여신을 조각했다고 말할 수도 있다. 동양의 논리에 따라 정반대로 만들어진 서양의 형상이 비로소 중국 사람들의 틈으로 들어와 중국 문명을 보고 있다.

생활 속으로 스며든 전통

그리스 아테네의 신타그마 광장에서 진행되는 위병교대식은 아직까지도 보존되어 이어지고 있다. 그들의 동작은 매우 특별해 보이는데, 심지어 약간 우스꽝스러워 보이기도 한다. 그러나 그 엄숙한 표정에서는 어떤 힘이 느껴지는데, 아마도 그것은 전통과 문명에 대한 자신감과 그것을 지키고자 하는 강한 의지일 것이다.

고대 그리스를 계승하고 있는 루브르 박물관은 자신감으로 가득 차 있다. 박물관의 문물들을 보고 있으면, 아마 당신도 모르는 사이 그 정서에 전염되고 말 것이다. 파리의 주말 벼룩시장에 선보이는 흥미로운 물건들을 통해서도 그들의 문명이 생활 속에 녹아들어 있음을 알 수 있다.

석양은 에게 해의 바닷물에 한 겹 금빛을 입히고, 바람은 그리 사납지 않으며 따뜻하게 파도와 하모니를 이룬다. 해변의 파도 거품 속에서 비너스는 다시 태어나, 또 한 번의 소멸을 기다리고, 그리고 또다시 발견되기를 기다린다. 쑤이젠궈의 「반전된 비너스」도 이 과정에서 태어난 것이 아닐까.

제국의 꿈

고대 로마의 개선문·트라야누스 원주·카라칼라 욕장
Vs.
한나라의 병마용·옥·화상석

서양의 가장 위대한 제국이었던 로마가 사방으로 영토를 확장할 때 지구 반대편의 또 다른 제국 역시 세력을 확장하고 있었다. 바로 한나라다. 두 제국의 꿈은 개선문과 우문을 통해 지금도 여전히 이어지고 있다. 로마시대의 예술과 한나라의 예술에 공통점이 많은 것은 두 나라 모두 예술과 문화를 권력을 강화하는 도구로 사용했기 때문이다.

2008년 4월, 개선문 모형이 자금성 우문 전시홀에 세워졌다. 전시홀에서는 나폴레옹 1세가 품었던 제국의 꿈을 보여주는 〈나폴레옹 1세 대전〉이 열리고 있었다. 개선문에는 프랑스 제국의 꿈이 담겨 있다. 살육이든 희생이든 전쟁의 대가는 쉽게 잊히고, 영광은 오래도록 찬양받는다.

동양 역사상 최고의 번영과 성세를 누린 한漢 제국은 전통문화를 바탕으로 외래문화를 흡수해 중국 문화를 발전시켜나갔다. 오늘의 역사가들은 중국 문화의 근원이 한나라 때 이루어졌다고 보는데 이는 오늘날 한족, 한자, 한문 등과 같이 중국 문화권에서 쓰이는 '한漢'자가 한나라에서 유래했다는 것으로도 알 수 있다.

서양과 동양에서 각각 가장 강성했던 두 제국은 지금 우리 곁에 없다. 하지만 제국의 흥망성쇠를 함께한 예술작품들이 남아 있다. 영웅은 어떻게 탄생하고, 영웅은 또 어떻게 제국을 꿈꾸었을까?

5장. 제국의 꿈

제국의 영웅들, 승리를 기념하다

개선문은 전쟁터에서 승리해 돌아오는 황제 또는 장군을 기리기 위해 세운 문으로 이들은 개선문을 통과하며 백성들의 환호를 받았다. 개선문은 고대 로마뿐 아니라 근대에 와서는 유럽 곳곳에도 세워졌다. 승리보다 더 자랑스러운 것이 또 무엇이 있을까? 개선문은 그 자체로 승리와 제국의 위엄을 상징하는 것이었다.

「티투스 개선문」은 현존하는 것 중에서 가장 오래된 개선문으로 로마의 티투스 황제가 예루살렘 정복을 기념해 세웠는데, 그 위쪽에는 전 세계 개선문 중에 유일하게, 기독교 성전聖殿 기구들의 형상이 부조되어 있다. 묘사된 촛대와 탁자 들은 당시 티투스 황제가 예루살렘 성전에서 로마로 가져온 전리품이다. 재미있는 것은 이스라엘 건국 당시, 유대인들이 일종의 승리 선서 표시로서 반대 방향으로 이 개선문 아래를 통과했다는 점이다.

「티투스 개선문」과 멀지 않은 곳에 또 하나의 개선문인 「콘스탄티누스 개선문」이 자리하고 있다. 콘스탄티누스 황제는 로마 최초로 기독교를 공인한 황제다. 「콘스탄티누스 개선문」은 현재 세 개밖에 남지 않은 로마의 개선문 중 하나로, 콘스탄티누스 황제가 로마 근교에서 벌어진 '밀비우스 다리의 전투'(312)에서 거둔 승리를 기념하기 위해 지어졌다. 「콘스탄티누스 개선문」은 로마 개선문 건축사상 최후의 눈부신 업적으로 「티투스 개선문」(1세기 후반), 「셉티미우스 세베루스 개선문」(3세기 초)

로마에 있는 「티투스 개선문」(81년)과 고부조로 묘사된 촛대 등 성전 기구
티투스 황제가 예루살렘 정복을 기념해 세운 개선문이다.

로마에 있는 「콘스탄티누스 개선문」, 315년
로마 개선문 건축사상 큰 업적을 남겼다.

등과 같은 초기 개선문 비해 우아한 작품이다.

　또한 이 개선문은 1장에서도 소개한 「카루젤 개선문」의 원형이기도 하다. 루브르 박물관 앞에 위치한 「카루젤 개선문」과 「콘스탄티누스 개선문」은 모습과 구조가 비슷할 뿐만 아니라 외부를 부조로 장식했다는 점에서도 닮았다.

　파리의 「에투알 개선문」은 나폴레옹이 1806년 아우스터리츠 전투에서 승리한 프랑스 군대를 기념하기 위해 세웠다. 「티투스 개선문」을 본떠 만든 「에투알 개선문」은 유럽의 100여 개 개선문 중 가장 크다. 이

파리에 있는 「에투알 개선문」(위)과 「라데팡스 개선문」(아래)
카루젤 개선문에서 직선으로 쭉 뺀 도로는 「에투알 개선문」을 지나 「라데팡스 개선문」까지
연결된다. 이 선의 끝에는 루브르 박물관이 자리하고 있다.

중국 자금성의 우문
우문은 황궁으로 통하는 입구이자 제국의 상징이었다.

개선문은 샤를 드골 광장 중앙에 자리하고 있으며, 광장을 중심으로 12개의 큰 도로가 방사선 모양으로 뻗어 있어 마치 개선문이 광선을 내 뿜는 듯한 모습이다.

프랑스 파리의 첨단 신도시 라데팡스에는 현대식 신 개선문 「라데팡스 개선문」이 세워져 있다. 「라데팡스 개선문」에서 직선으로 쭉 뻗은 도로는 「에투알 개선문」을 지나 「카루젤 개선문」까지 연결된다. 이렇게 세 개의 개선문이 연결되어 파리의 한가운데를 일직선으로 가로지르고, 그 선의 끝에는 이들이 함께 수호하는 제국의 중심, 루브르 박물관이 자리하고 있다.

유럽에 개선문이 있다면 중국에는 자금성 우문이 있다. 황제에게 바쳐지는 전쟁 포로는 반드시 우문을 지나야 했다. 우문은 황궁으로 통하는 입구이자 제국의 상징이었다. 공을 세운 사람은 우문을 통해 황궁으로 들어갔으며, 죄를 지은 사람은 우문 밖으로 끌려 나가 참수 당했다.

고대 로마제국의 탄생과 세계 정복의 꿈

나폴레옹 1세는 평생 전장을 누비며 프랑스 공화국을 제국으로 확장시켰다. 그의 가슴속에는 일찍부터 이상적인 제국의 모습으로 고대 로마가 자리하고 있었다.

로마 초기에는 여성 인구가 절대적으로 부족했다. 로마 건국의 영웅 로물루스는 나라를 세우기 위해서는 반드시 아이를 낳아야 하는데 그러려면 먼저 여자가 필요하다고 사람들을 설득했다. 결국 로마의 남자들은 주변 사비니 부족에게서 여자들을 빼앗아오기로 하고 큰 파티를 열어 이들을 초청한다. 그러고는 로물루스가 망토를 펼치는 것을 신호로 로마 병사들이 사비니의 여인들을 습격해 빼앗아 부인으로 삼았다. 두 부족은 원수지간이 됐다.

사비니 부족은 복수의 칼날을 갈며 여인들을 되찾아 오리라 맹세한다. 3년 후 그들은 드디어 강력한 군대를 이끌고 로마를 공격하지만 상황은 간단하지 않았다. 이미 모든 것이 변해 있었다. 사비니의 여인들은 이미 로마인의 아내가 되어 그들의 아이를 낳았다. 대치 중인 군대

자크 루이 다비드의 「사비니 여인들의 중재」, 1799년
로마가 세력을 확장하는 데 있어 사비니 여인들을 납치한 것은 일례에 불과하다. 처음에는 정치와 외교를 이용했고, 강성해지면서부터는 군사력으로 주변 국가들을 지배했다. 그림에서 표현된 사비니 여인들의 중재는 여인들이 앞장서서 평화를 정착한 사건으로 역사에 전하게 됐다.

의 한쪽은 사비니 여인들의 로마인 남편이었고 다른 한쪽은 부모형제였던 것이다. 그녀들은 아이들을 안고 양쪽 군인들 사이로 뛰어 들어가 가족끼리 서로 죽고 죽이는 비극을 막으려 한다.

다비드의 「사비니 여인들의 중재」는 용감하게 두 팔을 벌리고 평화를 호소하는 사비니 여인들을 그린 그림이다. 아이의 울음소리에 양쪽 군인들은 마음이 약해지고, 마침내 두 부족은 화해하고 동맹을 맺게 된다.

로마제국의 탄생과 시조, 로물루스

로마는 애초에 이탈리아 반도 중부를 흐르는 테베레 강 하류에 세워진 조그마한 도시 국가로 일곱 개의 작은 언덕 위에 세워져 '일곱 언덕의 도시'라는 별명을 얻었다.

로마라는 이름은 쌍둥이 형제인 레무스를 죽이고 초대 왕이 된 '로물루스'의 이름에서 유래했다. 여러 세기를 지나는 동안에도 로마인들은 로물루스의 신화를 바탕으로 계속 살을 붙여나갔다. 신화에 따르면, 쌍둥이 형제는 증조부 아물리우스 왕에게 버려져 암늑대의 젖을 먹으며 자랐다. 이 쌍둥이는 어른이 됐을 때 아물리우스를 폐위하고 죽였으며, 적법한 왕인 할아버지 누미토르를 왕위에 다시 앉혔다. 그리고 자신들이 다스릴 도시를 세우기로 하고는 로마의 일곱 언덕 중 하나인 팔라티누스 언덕을 선택했다. 왕위 싸움에서 로물루스가 이겼고, 그는 로마의 초대 왕이 됐다. 비록 "로마는 하루아침에 이루어지지 않았다"라고 하지만, 그래도 제법 정확한 건국일이 전하는데 바로 기원전 753년 4월 21일이다.

로물루스와 레무스 동상, 캄피톨리오 광장 카피톨리니 박물관

「사비니 여인들의 중재」 세부

　로마가 세력을 확장하는 데 있어 사비니 여인들을 납치한 것은 일례
에 불과하다. 처음에는 정치와 외교를 이용했고, 강성해지면서부터는
군사력으로 주변 국가들을 지배했다. 카이사르는 "왔노라, 보았노라, 이
겼노라!"라는 명언을 남겼다. 그야말로 천하를 정복하고야 말겠다는 기
백이 느껴지는 말이다. 로마 군인들은 이렇게 한 걸음씩 영토 확장을
거듭해 유럽 대륙 절반을 정복했으며, 아시아와 아프리카까지 깊숙이
세력을 뻗쳤다. 약탈한 재물은 모두 로마로 가져가 로마는 당시 최대의
번성을 누리게 됐다.

　「트라야누스 원주」는 로마제국이 누렸던 화려한 번성을 잘 보여준

로마에 있는 「트라야누스 원주」(위)와 그 부분(왼쪽),
106~113년
영토 확장이 활발했던 로마제국의 번성을 잘 보여준다.

다. 트라야누스 황제는 영토 확장에 엄청난 의욕을 보여, 재위 시기 로마제국 사상 영토를 최대 판도로 넓혔으며, 이 원주는 트라야누스 황제가 다키아 전쟁 승리를 기념해 세운 것이다. 원래는 기둥 꼭대기에 트라야누스의 청동상이 놓여 있었지만 중세시대에 사라져버렸고, 현재는 성 베드로의 청동상이 놓여 있다. 원주 표면 가득히 나선형으로 돌아가며 다키아 전쟁을 부조로 표현했는데, 등장인물이 약 2,500명이고 펼치면 그 길이가 200미터나 된다.

중국의 두 번째 통일제국, 한제국의 중흥

고대 로마가 사방으로 영토를 확장할 때 지구 반대편에서는 한제국이 그 세력을 확장하고 있었다. 한 왕조는 기원전 206년 유방劉邦이 나라를 세웠는데, 진秦에 이어 중국의 두 번째 통일제국이다. 한제국의 찬란했던 문화유산은 드넓은 대지 위에 자취를 감추었지만, 로마와 견줄 만한 것이 옛 왕릉의 묘도墓道. 무덤으로 통하는 길. 두 무덤 사이를 뚫어 넓이 서로 오가게 하는 것으로, 사람이 드나들 수도 있다에 남아 있다. 중국 장쑤 성 쉬저우徐州 스쯔 산獅子山에 있는 이 왕릉은 한고조 유방의 조카인 초왕(초나라는 당시 한나라의 여러 제후국 중 하나였다) 유무劉戊의 무덤이다.

1984년, 이 초왕의 무덤에서 병마용이 출토됐다. 한나라 병마용은 비록 우리에게 잘 알려진 진나라 병마용만큼 몸집이 거대하진 않지만,

장쑤 성 쉬저우 초왕의 무덤에서 발견된 한나라 병마용

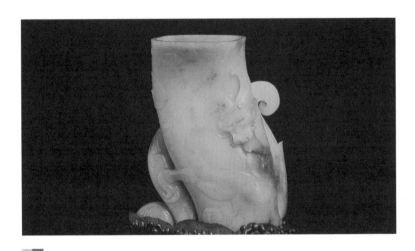

제국의 위엄만큼은 그대로 표현됐다. 폭정을 일삼던 진나라는 2대 황제 대에 패망하고 말지만, 한나라는 진 왕조의 위용을 이어가면서도 확장한 영토를 더욱 잘 관리함으로써 현대 중국 영토의 초기 형태를 갖추었다.

한나라는 매우 강성하고 풍요로운 제국이었다. 경제를 한층 더 발전시켜 국력을 강력하게 하고, 태평성세를 이루었다. 무엇보다 한 왕조는 무력뿐 아니라 문화를 통치 수단으로 이용했다. 문화는 무력보다 힘이 더 세기 때문이다.

한나라의 문화와 예술을 집약적으로 보여주는 것 중의 하나가 '옥玉'

이다. 옥은 하늘에 대한 경의를 표현하는 제기나, 잔, 민족의 토템을 조각한 장식품으로 만들어지기도 했다. 또한 공자는 '군자비덕우옥君子比德于玉'이라 하여 군자의 덕을 옥에 비유했다.

한편 청의 건륭제는 한과 당을 닮은 제국을 꿈꿨다. 한나라는 진제국에 이어 중국의 두 번째 통일제국으로서 유라시아를 연결하는 비단길을 개척하는 등 대외교류 활동이 활발했다. 또한 당나라는 중국 역사상 문화적으로 가장 부흥했으며, 정치적으로도 안정된 국가였다. 건륭제는 한나라처럼 밖으로는 오랑캐를 정복하여 주변 모든 국가에게 조공을 받고, 당나라처럼 안으로는 바른 정치로 번영과 백성의 안락을 도모하려 했다. 1장에 소개한, 건륭제 시기 준거얼 평정을 기념하기 위해 루이 15세에게 주문한 동판화(23쪽) 또한 청의 융성을 보여준다.

웅대한 도시의 꿈, 로마의 예술

루브르 박물관에는 그리스 예술품보다 로마 예술품이 훨씬 더 많다. 그것은 프랑스의 프로방스 지역이 로마의 정복지였기 때문이다. 로마 예술은 군사와 정치권력과 매우 밀접하게 관계를 맺고 있다. 예를 들어, 로마 예술품에 자주 등장하는 징병에 관한 장면은 그리스 예술에서는 전혀 찾아볼 수 없다.

또 로마인은 많은 도시와 도로를 건설했다. 그들은 화산재와 석회를 혼합해 돌을 붙이는 데 사용했는데 이것이 바로 오늘날 시멘트와 콘크리트의 시초다. 이렇게 로마인은 새로운 재료를 발명해 길을 넓히고, 더 크고 높은 건물을 세울 수 있었다. 그들은 로마를 가장 웅대한 도시로 만들고 싶었던 것이다.

하지만 이렇듯 웅장한 도시에서 로마인은 가장 흉악하고 잔인한 오락을 즐겼다. 격투장에 끌려간 노예들은 서로 죽고 죽이는 격투를 벌여야 했고, 그들의 선혈과 죽음에 로마인은 흥분했다. 로마인은 정벌을 통해 얻은 부를 격투장에 쏟아부었다.

밤이 되면 로마제국은 또 다른 광란에 빠져들었다. 카라칼라 황제가 만든 욕장의 모습을 보자. 욕장, 즉 목욕탕은 로마인이 가장 자주 가던

카라칼라 욕장Terme di Caracalla

216년에 개장. 로마시 첼리오 구릉의 남쪽에 있다. 카라칼라 황제가 시민의 인기를 얻기 위해 로마군의 휴양지로 지었다. 로마의 수많은 목욕탕 중에서 규모가 가장 컸으며 내장 공사는 그 후에도 계속됐다. 주 건축물은 너비 220미터, 길이 114미터로서 열탕·온탕·냉탕 외에, 각종 집회장·오락실·도서관 등을 갖추었고 1,000명을 수용했다. 지금은 바닥 모자이크 등이 일부 남아 있을 뿐이지만, 당시는 아름다운 대리석으로 벽면을 장식했고, 곳곳에 조상彫像이 있어 지극히 호화로웠다고 한다. 욕탕에는 각종 전리품이 놓여 있어서 전사들은 몸에 묻은 피를 닦아내며 이를 감상할 수 있었다. 현재는 무대와 객석을 가설하여 야외 오페라 공연장으로 쓰이고 있다.

곳 중 하나다. 하지만 이곳은 일반 목욕탕이 아니라 사치스러운 사교 장소였다.

오늘날 루브르 박물관에 소장된 대부분 그리스의 조각상은 사실 로마시대에 복제된 것으로, 어쩌면 그중에 몇몇은 이 목욕탕 안에 장식품으로 놓여 있었을지도 모른다. 물론 로마는 그리스를 정복했지만, 예술에 있어서는 오히려 그리스에게 정복당했다. 로마는 그리스 문화를 계승하면서도 그리스와는 또 다른 모습으로 발전시켰다. 그리스의 조상影像은 신성했지만 로마의 조상은 세속적이었다. 로마는 추상적인 신의 모습이 아니라 인간의 형상을 조소했으며, 그들이 창작한 것은 완전한 아름다움이 아니라 실질적이고 현실적인 형상이었다(로마의 조상 중에는 심지어 노골적으로 성과 폭력을 묘사한 것 같은 괴상한 모습의 조각상도 있다).

오늘날 로마에는 고대 집회장이나 시장으로 사용됐던 포룸 로마눔 Foro Romano, 로마 광장이 아직도 남아 있다. 일찍이 로마는 바로 이곳에서 발전하기 시작했다. 오늘날 그 이름은 제국을 지칭하는 것에서 하나의 도시를 뜻하는 것으로 바뀌었다. 이 2,000년이 넘는 시간 동안 줄곧 수도의 자리를 지켰다는 것이다. 그뿐 아니라 수많은 유물과 유적을 남겨 루브르 박물관 곳곳에서 이들을 만날 수 있다. 루브르 박물관과 인접한 튀일리 정원의 분수 또한 전형적인 로마 건축 양식을 보여준다.

한대의 건축은 오늘날 대부분 박물관에서만 볼 수 있으며, 그나마도 훼손된 것이 대부분이다. 하지만 한화상석은 한 왕조의 모습을 보여주는 드문 유물 중 하나다.

무덤에서 발견된 주요 부장품 중에는 인형도 있다. 어떤 귀부인의 무덤에서는 하녀 복장을 한 160여 개의 나무 인형이 발견되기도 했다. 인형들은 당시 사람들이 어떤 옷을 입었는지, 신분의 차별이 어떠했는지, 남녀에 대한 인식이 어떻게 달랐는지 등등을 짐작하게 해준다. 한대의 무덤에서 발견된 인형들은 로마의 조상에 비하면 덜 섬세하고 표현이 단순하지만 그 모습은 중국인들의 외양과 닮았다는 것을 알 수 있다.

한나라 유물로 몇 개의 석궐石闕. 왕 또는 왕후의 무덤이나 역대 제왕의 위패를 모신 왕실의 사당 앞에 좌우 한 쌍으로 만든 장식적인 돌문 또한 남아 있다. 산둥 성山東省 지닝濟寧에 있는 무씨사武氏祠 석궐, 허난 성河南省에 있는 태실太室 석궐 등이다. 망주석望柱石의 일종인 석궐을 통해서 우리는 당시 한나라 수도의 궁궐이 얼마나 찬란했는지를 알 수 있다.

한 가지 흥미로운 것은 한화상석에 그려진 모습들이 로마의 영향을 받지 않았을까 하는 추측이다. 날개 달린 천사는 본래 중국 예술작품에서는 찾아보기 어려운 것인데 어째서 한화상석 위에 그려진 것일까? 그리고 다른 한화상석 위에 그려진 쌍두 독수리는 로마 군대의 상징과

너무나 비슷하지 않은가?

이런 상상은 어떨까? 끊임없이 영토를 확장하던 이 두 제국이 서로 만난 것은 아닐까? 만약 만났다면 어땠을까? 전쟁을 했을까? 아니면 서로 동맹을 맺었을까?

로마의 조각상을 보면 황제나 귀족은 보통 갑옷 안에 비단으로 만든 옷을 입고 있는데, 비단 옷은 당시 높은 신분과 지위의 상징이었다.

한화상석漢畫像石

돌방무덤이나 석사당石祠堂, 돌널石棺의 벽 위에 새긴 그림. 한나라 때 이 석각이 성행해 고분에서 많은 화상석이 발견됐는데, 이를 한화상석이라고 부른다. 중국 쉬저우

한화상석 예술관에는 한화상석 500여 점이 전시되어 있다.

한화상석에는 주로 무덤 주인의 신분이나 관직 등이 표현되어 있으며, 경전에 나오는 옛이야기를 묘사한 것도 있다. 덕분에 한화상석은 한나라 사람들의 생활상과 문화를 연구하는 데에 많은 도움이 된다. 아쉽게도 화상석이 무덤 속에서 오랫동안 습기에 노출되는 바람에 오늘날에는 탁본을 떠야만 형태를 제대로 볼 수

있다. 이 탁본들은 마치 돌 위에 새겨진 도화첩처럼 유구하고 찬란한 한의 역사를 들려준다.

한화상석에서 보이는 날개 달린 천사와 쌍두 독수리
이런 모습은 중국 예술작품에서 찾아보기 어려운 것으로 한과 로마의 교류를 짐작게 한다.

로마 문헌에 "고대 동방에 '세레스Seres'라는 이름의 국가가 있었는데, 바로 '비단의 나라'라는 뜻이다"라는 기록이 있다. 당시 비단을 생산할 수 있는 나라는 중국뿐이었는데, 로마인은 어떻게 비단을 손에 넣었던 것일까?

6 / 종교와 예술

중세의 기독교
Vs.
당의 불교

서양 역사에서 '어둠의 시대'라 불리던 기나긴
천 년의 세월이 있었다. 이 천 년의 중세시대
에 중국에서는 당이 불교문화를 발전시켜 가
며 태평성대를 누리고 있었다. 이 장에서는 기
독교의 성모마리아, 고딕 건축과 불교의 관세
음보살, 목조 사원 건축을 통해 동서양 종교예
술의 면면과 그 뒤에 숨은 종교관을 살펴본다.
당나라의 불화가 인간성을 바탕으로 종교성을
추구했다면, 중세 서양 기독교 예술은 무한한
신성함을 표현했다.

서양의 중세시대 예술이 기독교와 밀접한 관련이 있다면 중국 당대 唐代의 예술은 불교와 밀접한 관련이 있으며, 성모마리아가 서양의 얼굴이라면 관세음보살은 동양의 얼굴이라고 할 수 있다. 서양의 얼굴이 조금은 차가워 보이는 데 반해, 동양의 얼굴은 고요한 미소를 띠고 있다. 또 성모마리아가 인간 세상의 고통을 함께하고 은총의 중재자 역할을 한다면, 관세음보살은 세상 모든 인간을 교화한다. 교회의 뾰족한 지붕이 하늘을 찌르고 있다면, 깊은 숲 속에 자리한 사찰은 그 모습이 보일 듯 말 듯하다. 순례자는 동방을 향해 고된 여정을 시작하고, 서방의 극락세계는 평안하고 장엄하다.

중세 예술과 기독교

1980년대 말, 그랑 루브르 프로젝트를 진행하던 중, 고고학자들은 뜻밖에 중세 루브르의 성채城砦 부지와 해자垓子를 발견한다. 루브르의 역사는 1200년경 국왕 필리프 오귀스트가 이곳에 성채를 축조한 데서 시작되고, 그 후 프랑수아 1세 등이 화려한 왕궁으로 증축했다. 루브르 박물관 지하의 '중세 루브르' 관에서 사람들은 생생한 과거의 흔적과 마주친다. 서늘하고 어둑한 공간에서 드문드문 불빛에 비친 거대한 돌기둥을 보며 중세 특유의 분위기를 느낄 수 있다. 신비로운 고성古城과 교회, 로맨틱한 기사와 사랑 등, 아련하게 들리는 듯한 찬송가와 노랫소리…… 중세에 대한 무한한 상상은 루브르 박물관 안에서도 계속된다.

중세는 로마제국이 멸망한 후부터 르네상스 시대까지, 약 5~15세기의 시기를 말한다. 이 시대에 사람들은 현세보다는 내세에 더욱 관심을 가졌고, 육체를 미美의 대상이 아닌 타락의 대상으로 여기게 됐다. 지상의 것들을 사실적으로 표현하는 경향이 사라졌고, 육체와 정신 사이의 조화로운 균형을 추구했던 그리스 시대의 이상은 사라졌다.

서양 문명의 근원은 크게 두 가지인데 그중 하나가 헬레니즘이다. 또 다른 하나는 헤브라이즘, 즉 기독교 문명으로 헤브라이즘에서 하느님은 조물주이자 절대적인 존재다. 헤브라이즘 예술에서는 인간의 본성을 표현하기보다 신의 신성함을 표현하는 것이 우선이었다. 그래서

루브르 박물관에서 볼 수 있
는 데오다토 디 오를란디의 「성
모자」, 14세기 초

고전 예술처럼 자연을 모방하는 것이 아니라 종교적 느낌과 상상력을 강조해 왜곡된 형상을 만들어냈다. 긴 몸통에 비해 머리는 작고, 무표정하고 엄숙한 얼굴을 한 성인상들이 대표적이다.

루브르 박물관에는 유럽 각지의 중세기 회화 작품이 소장되어 있는데, 그중 대부분이 이콘화다. 하지만 작품 속 인물들 표정을 오늘날의 눈으로 보면 하나같이 딱딱하고 부자연스럽기 그지없다. 그들의 몸은 납작하고 표정은 차갑고 자세는 경직되어 있다. 이런 특징에 황금빛 배경과 인물의 머리 주변을 감싸는 빛의 고리, 님부스nimbus가 더해져서 그림 속 인물이 평범한 인간이 아니라 신성한 존재임을 보여준

이콘icon화

어원은 그리스어의 에이콘eikōn, 초상. 이미지에서 유래했으며 그리스도, 성모마리아, 천사와 성인, 십자가 등의 성물들을 그린 성화상聖畫像을 가리킨다. 성화상은 교회와 신도들에게 경배 받았는데 경배 대상은 작품 자체보다는 그것이 표현하는 원형, 즉 신으로 신자들은 이콘화를 바라봄으로써 신과 소통한다고 믿었다. 동방정교회 신도들은 이콘을 여전히 거룩한 성물로 공경하며 실제 예수와 성인들을 대하듯 그 앞에서 경건하게 기도드린다. 심지어 어떤 성상화는 기적을 일으킨다고 숭배되기도 한다. 성화상들은 아주 엄격한 규칙에 따라 그려졌다.

「블라디미르의 성모」, 12세기, 모스크바 트레차코프 미술관

다. 성모자와 같은 중세의 회화들에서 우리는 하느님의 빛을 볼 수 있을지 모른다.

예술작품에 나타난 불교와 기독교의 세계

중국 역사는 기본적으로 중세 서양의 신권시대와 유사한 시대를 거치지 않았지만 그렇다고 하여 중국 황제에게 종교가 없었던 것은 아니다. 자금성 춘화문春華門 안의 우화각雨花閣은 건륭제가 부처를 모시고 도道를 깨우치던 장소다. 이곳에는 밀교密教의 불상이 여러 개 모셔

탕카Thang-ka

라마교 사원의 벽이나 법당 정면에 걸어 승려, 신도 들의 예배에 일상적으로 쓰이는 탱화. 티베트 밀교 특유의 예술 형식으로, 비단에 채색을 하고 그 후에 표구를 한 일종의 두루마리 그림이다. 7세기 손챈감포松贊幹布 왕 시기에 발전했는데 당 태종이 손챈감포와의 화친을 위해 조카딸 문성文成 공주를 티베트로 시집보내면서 '탕카'라는 민족 색채가 강한 예술 문화가 중국에 전해지게 됐다.

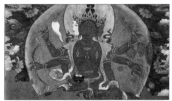

져 있고, 또한 정교하고 아름다운 회화 작품, 탕카가 걸려 있다.

밀교에서는 현지의 백성이 거부감 없이 불교를 받아들이게 하기 위해서, 외모가 준수한 현지인을 모델로 삼아 그들의 생김새를 토대로 불상을 제작하고 벽화를 그렸다. 그래서인지 당대 둔황 천불동에 묘사된 부처의 형상은 당나라 사람들의 심미관에 매우 부합한 것이다. 이 시기의 불상은 긴 머리를 어깨에 드리우고 온 몸에 구슬 장식을 한 거사의 모습이다. 살아 있는 듯한 인물의 생동감 넘치면서도 느긋하고 단호한 모습은 그가 달관의 경지에 이르렀음을 보여준다.

이에 반해, 중세 기독교예술은 장엄하고 엄숙했다. 신이 인간 세상

둔황敦煌 석굴

막고굴莫高窟이라고도 불린다. 둔황 시가지에서 동남쪽으로 25킬로미터 떨어진 밍사산鳴沙山 기슭에 1,600미터에 걸쳐 2단 또는 3단으로 파여 있고, 산비탈에 벌집처럼 1,000여 개의 석굴이 뚫려 있는데, 이 때문에 '둔황 천불동千佛洞'이라 불리기도 했다.

석굴은 예배굴과 참선굴로 나뉘며 어떤 석굴이든 벽면은 모두 채색 벽화로 덮여 있고 내부에는 채색 조각상이 놓여 있다. 벽화는 건식 프레스코 화법으로 화려하게 채색되어 있으며, 석가의 일대기나 극락과 해탈을 열망하는 내용을 담고 있다. 발견된 2,400여 구의 채색 조각상은 불상·보살상·제자상 등으로 과장된 색채가 특징이다. 막고굴은 실크로드를 통해 전래된 불교가 둔황에서 꽃피운 결과물로 1,000여 년 동안 수많은 승려·화가·석공·도공 들이 드나들며 이룩한 종교예술의 극치다.

둔황 석굴은 금세기 초 각국의 학자가 방문하면서 세상에 알려지게 됐다. 1952년부터 중국 정부가 '둔황문물연구소'를 개설해 보존과 조사를 진행해왔고, 현재는 이 연구소가 정한 동굴 번호가 학계의 표준이 됐다. 둔황의 유적과 출토된 문물의 연구를 총칭하여 '둔황학'이라고 부르기도 한다.

둔황 천불동의 모습

에서 생활하는 장면이라 할지라도 이는 성경 이야기를 그림으로 옮긴 것에 지나지 않았다. 예를 들어 예수가 태어나는 장면에 가축과 말구유가 그려진 것은 단지 예수가 마구간에서 탄생했다는 것을 표현하기 위한 것에 불과하다. 반드시 필요한 인물과 도구 외에 현실 생활과 관련된 사소한 부분은 생략됐다. 예술가는 가장 간단한 형상으로 이야기를 묘사한 것이다.

동서양 종교예술의 차이와 의미

둔황 석굴 벽화는 소재가 매우 다양하고 색채가 풍부하다. 둔황 벽화에는 매우 많은 변상도變相圖, 경전의 내용이나 교리, 부처의 생애 따위를 형상화한 그림가 있는데, 이 역시 형상으로 불경의 사상과 내용을 전달한다.

「서방정토변西方淨土變」은 아미타불이 살고 있는 불국정토佛國淨土를 묘사하고 있다. 극락정토에서는 새들이 즐겁게 노래하고 하늘 가득히 꽃비가 내리고 있다. 또한 이곳은 황금으로 길을 내고, 일곱 가지 보물로 누각을 장식했다. 중국의 화공들은 인간 세상의 가장 아름다운 풍경을 배경으로, 황궁을 그려 넣어 이렇게 아름답고 신비로운 극락의 모습을 만들어낸 것이다. 또한 변상도에는 수많은 인간사가 담겨 있다. 봄 파종과 추수, 관혼상제 등 화공들은 일상생활의 이야기를 소재로 불경의 교리

둔황 석굴에 그려진 벽화 「서방정토변」, 당나라

━━━━
둔황 석굴의 벽화 중 『부모은중경』을 전하는 그림
사람들에게 부모를 봉양하고 그 은혜에 보답할 줄 알아야 한다고 가르친다.

를 표현했다. 예를 들어, 벽화 중에 유모차가 그려진 부분이 있는데, 이
는 『부모은중경父母恩重經』을 해설하기 위한 것으로, 사람들에게 부모를
봉양하고 그 은혜에 보답할 줄 알아야 한다고 가르친다.

　『무량수경無量壽經』을 표현한 그림에서는 정토세계에 막 환생한 연
꽃 동자의 모습을 줄무늬 멜빵바지를 입은 어린아이로 묘사하고 있다.
벽화 중에는 불교에 귀의하기 전 몸을 정갈히 하기 위해 양치질을 하
고 머리를 감으며, 심지어 화장실에 가는 모습까지 상세히 그려진 것도
있다. 이 그림들은 모두 밝은 분위기에 세속적인 정감과 바람을 담고
있다.

　당나라의 불화가 인간성을 바탕으로 종교성을 추구했다면, 중세 서양
기독교 예술은 무한한 신성함을 표현했다. 동양 사람들은 궁극의 진리가

둔황 석굴의 벽화 중 『무량수경』을 표현한 그림
극락왕생에 대한 바람을 볼 수 있다.

사람의 마음속에 존재한다고 여겼고, 이러한 진리를 깨닫기 위해서는
여러 가지 인생 체험이 밑바탕이 되어야 한다고 생각했다. 그리고 이러
한 체험은 화가의 붓을 통해 회화로 태어나고 조각가의 손을 통해 천태
만상의 조각으로 만들어졌다.

　「발묵선인도潑墨仙人圖」는 중국 남송南宋 화가 양해梁楷의 작품이다.
만약 동양의 화가들이 지혜에 통달하지 못했다면, 간단한 붓과 먹만 가
지고 어떻게 이러한 호쾌함을 표현할 수 있었겠는가? 만약 선정禪定. 한
마음으로 사물을 생각해 마음이 하나의 경지에 정지해 흐트러짐이 없음의 희열을 몸
소 느끼지 못했다면, 어떻게 진흙만으로 이렇게 생동감 넘치는 표현을
할 수 있었겠는가? 이렇듯 동양에서 예술작품은 예술가의 깨달음의 경
지를 보여주는 것이었다.

양해의 「발묵선인도」, 남송 시대
발묵의 농담을 잘 살려 감필법으로 자유롭게 그린 그림에는 기운이 생동한다.

반면 당시 서양 사람들은 이 세계를 단지 덧없이 사라지는 것에 불과하다고 여기며 영원함은 저 높은 곳에 있다고 믿었다. 그래서 가장 중요한 것은 인간과 저 높은 곳의 존재를 연결하는 것이었다. 또한 회화의 원칙은 본질적으로 상징성에 있었다. 예를 들어 물고기는 대개 기독교를, 뱀은 죄악과 유혹의 화신을, 비둘기는 성령을, 사과는 원죄를 뜻한다. 하늘에서 비치는 황금빛은 하느님을, 성모마리아의 손에 들린 백합은 순결함을 상징한다. 아울러 십자가는 모든 기독교를 대표하는 것이었다.

성모자상과 관세음보살, 모성에 대한 의탁

기원후 1000년, 인류는 첫 번째 밀레니엄을 맞았다. 기독교에서 예언하는 인류 종말의 심판이 곧 다가올 거라는 생각에 전 유럽의 기독교 정서는 전에 없이 고조됐다. 하지만 인류 종말의 심판은 현실로 이뤄지지 않았고, 최후의 구원 역시 실현되지 않은 채, 유럽은 또다시 혼란의 500년을 경험하게 된다. 종교전쟁과 자연재해가 잇달아 발생하고, 빈곤과 전염병이 온 유럽을 휩쓴 것이다.

가족을 잃은 기독교 신자들은 아마 이때 한 어머니의 고통을 더욱 깊이 이해할 수 있었을 것이다. 바로 성모마리아의 고통이다. 사람들은 자식을 잃은 고통을 겪고도 여전히 믿음이 흔들리지 않는 성모마리아라면 분명히 자신들에게 위로를 줄 수 있을 거라고 믿었다.

6장. 종교와 예술

성모마리아는 신도들의 마음속에 특히 중요한 존재였다. 그녀는 신의 어머니였기 때문이다. 기원전 4~5세기, 특히 마리아를 그리스도의 어머니로 규정한 에베소 종교회의(431) 이후부터 성모마리아상이 빠르게 증가하기 시작했다. 성모마리아는 여성이자 신의 어머니였기에 삼위일체인 성부, 성자, 성령보다 쉽게 가까이할 수 있었다. 이것은 인간 본성에 부합하는 것이었다. 역사 속에 보이는 여신 숭배와도 닮았고, 모성에 대한 의탁이기도 하다. 종종 사람들은 성모마리아를 불교의 관세음보살과 비교하기도 하는데, '모성에 대한 의탁'이라는 면에서 확실히 둘 사이에는 공통점이 있다.

최초의 관세음보살은 남성의 모습으로 출현했다. 둔황의 초당初唐 시기에 그려진 벽화 속 보살은 아름다운 얼굴에 두 갈래 수염이 자라 있으며, 성당盛唐 시기 이후부터 관세음보살의 모습은 조금씩 풍만해지기 시작한다. 사실 불경 속에서 관음은 본래 남녀 성의 구분 없이, 인연에 따라 다르게 모습을 드러내어 중생을 제도했다. 관음이 남성상에서 여

관세음보살觀世音菩薩

석가모니 입적 이후 미륵이 출현할 때까지 중생을 고통에서 지켜주는 대자대비大慈大悲의 보살이다. 자비심이 인격화된 화신으로 대원大願, 부처가 중생을 구하고자 하는 서원誓願이나, 중생이 부처가 되려는 서원을 빌며, 인간 세상을 두루 살핀다. 관세음보살의 이름을 부르기만 하면 구원과 보살핌을 받을 수 있었기 때문에 북방불교에서든 남방불교에서든 관세음 신앙이 매우 성행했다. 관자재보살觀自在菩薩, 또는 줄여서 관음보살이나 관음 등으로도 불린다. 중국인의 마음속에 가장 친근한 보살 중 하나로 중국에서는 남해관음南海觀音, 남해고불南海古佛이라고도 불린다.

둔황 석굴 제3굴의 「천수천안관음」과 송대의 「천수천안관음보살」(타이베이 고궁박물원)

6장. 종교와 예술

성상으로 변화한 데에는 물론 역사적인 원인이 있다. 수당 시대에는 천인사天人師, 부처님은 하늘과 땅의 스승이라는 뜻라는 불경의 정신에 따라 관세음보살에 호방한 남성상이 어울린다고 보았지만, 송대 이후부터 중국 회화가 정밀해지면서 관음의 윤곽 또한 섬세해지고 전체적인 형상 역시 부드럽고 아름다워지게 됐다.

성물에 신성함을 담다

관세음보살의 형상은 송대에 이르러 가장 부드럽고 아름다운 모습을 띠게 되지만, 이때 대당성세大唐盛世는 이미 역사의 뒤안길로 사라져 버렸다. 1096년, 송나라가 내몽골 서부의 나라 서하의 공격에 맞서 금명채金明寨, 연주성延州城 서북쪽 약 17킬로미터 지점, 연주성의 직접적 관문 전쟁을 치르고 있을 때, 유럽 대륙은 여러 해 동안 계속된 전쟁과 기근으로 이미 황폐해질 대로 황폐해진 상태였다. 1348년에는 설상가상으로 흑사병이 유럽 대륙을 휩쓸기 시작했다. 14세기 말, 어느 한 주교가 "나는 평생 동안, 전쟁 외에 다른 것은 보지 못했다"라고 말할 정도였다.

잔 데브뢰의 「성모와 아기 예수」는 14세기 초 고딕 미술의 걸작으로, 성모의 윤곽은 살짝 S자 형을 띠고 있어 우아한 느낌이 들며, 세공장이 매우 뛰어난 솜씨로 금박에 주름을 넣어 실제 의상과 같은 느낌을 살려냈다. 온화한 얼굴의 이 성모상은 아기 예수가 손을 뻗어 어머니의 뺨

「성모와 아기 예수」, 14세기 초
샤를 4세의 왕비 잔 데브뢰가 생드니 수도원의 기증해 '잔 데브뢰의 성모와
아기 예수'로도 불린다.

생 샤펠 성당의 성모상, 1260~70년, 루브
르 박물관
「잔 데브뢰의 성모와 아기 예수」에 비해 덜
자연스럽다.

을 어루만지는 모습으로 생샤펠 성당의 성모상에 비해 부드러운 아름다움을 한층 잘 표현했다. 이 성모상은 14세기 초 유럽인이 생각한 성모마리아의 이상적인 아름다움을 표현하고 있는 것이다. 비록 현실 생활은 무척이나 고달팠지만, 사람들은 여전히 마음속에 희망을 품고 있었다. 어둠이 짙을수록 밝은 빛을 갈망했던 그들에게 성모마리아는 신성하고 순결한 빛과도 같은 존재였다.

중세에 성모상은 성물의 보존 기능까지 담당했다. 「성모와 아기 예수」를 보면 밑받침과 성모상 몸체, 그리고 성모의 손에 들린 백합, 이렇게 세 부분으로 구성되어 있다. 성모 손에 있는 진주로 장식된 백합의 꽃잎 세 개 안에는 일찍이 성모의 베일과 머리카락, 젖이 보존되어 있었다고 한다.

기독교 신도가 성물을 숭배하는 것과 같이 불교에서도 귀중하게 생각하는 보물이 있는데 바로 사리다. 사리는 부처나 고승을 다비한 뒤에

부처의 사리가 담긴 파먼 사의 팔중보함
꽃 모양 조각과 더불어 진귀한 진주로 장식돼 있다.

45존불조상옥정보함

석가모니의 진신사리가 담긴 이 보함의 앞면에는 금강계 45존 만다라가 정교하게 조각되어 있다.

나오는 유골로, 사리를 담는 함 또한 중국 공예사의 걸작이라고 할 만하다.

중국 산시 성 파먼 사法門寺 지하 밀실에 석가모니의 진신사리가 정교하고 아름다운 보함 안에 모셔져 있다. 팔중보함八重宝函은 꽃 모양 조각과 더불어 진귀한 진주로 장식돼 있다. 또 진신사리를 담은 45존불조상옥정보함의 앞면에는 금강계 45존 만다라『금강정경金剛頂經』에 의거해 대일여래大日如來의 지혜를 상징적으로 묘사한 그림가 조각되어 있는데, 이것은 오늘날까지 발견된 것 중 가장 오래된 밀교 만다라다. 또한 조각 자체가 매우 정교해 당대인들이 얼마나 많은 심혈을 기울여 제작했는지 알 수 있다.

중세의 고딕 건축과 당대의 목조 건축

수도원의 역사에서 영원히 잊을 수 없는 한 사람이 있는데, 바로 1122년 수도원장으로 임명된 쉬제르Suger, 1081?~1151다. 그는 임기 동안 정교하고 아름다운 성구를 많이 주문 제작했다. 하지만 이것만으로는 하느님의 영광을 표현하기에 역부족이라고 생각한 모양이다. 그래서 그는 경건한 마음으로 생드니 수도원(이곳은 일찍이 프랑스 왕가의 능묘가 있던 곳이었다)을 성당으로 개축하는 데 매진했다. 기존의 성당은 어두웠지만, 쉬제르는 스테인드글라스를 통해 성당 안에 하느님의 빛이 가득 차게 만들었다. 또 하늘을 찌를 듯이 높고 뾰족한 탑과 아치, 오색찬란한 색유리를 특징으로 하는 건축 양식을 도입했는데, 이것이 고딕 건축 양식으로 12세기부터 유럽 대륙에 유행하기 시작한다. 도시의 중심에 우뚝 서 있는 고딕 성당은 12세기 중엽 유럽의 상징이 됐다.

센 강 동남쪽에 자리한 노트르담 성당은 프랑스의 대표적인 고딕 양식 건축으로, 파리 중세기 건축의 꽃으로 불린다. 성당 안으로 들어가면 아름다운 조각상과 그림, 스테인드글라스, 샹들리에를 감상할 수 있다. 흔들리는 불빛 아래 수도자의 기도 소리가 찬양 소리와 어울려, 둥근 천장을 뚫고 나가 하늘에 닿을 듯하다. 철학자 헤겔은 노트르담 성당에 대해 이런 말을 남겼다. "위를 향해 눈망울을 굴리니 둥근 천장이 눈에 들어온다. 마치 나의 영혼이 신의 세계에 닿은 듯, 불안했던 마음이 비로소 신의 품 속에서 쉴 수 있게 됐구나."

생드니 성당 전경과 내부의 스테인드글라스, 12세기

중국의 목조 건축 가운데 가장 오래된 산시 성 포광 사의 대웅전과 그 모형, 9세기 중엽

그렇다면 중국의 사원 건축은 어떤가. 중국의 목조 건축 가운데 연대가 가장 오래된 사원은 9세기 중엽의 동대전東大殿을 품은 산시 성山西省 우타이五台의 포광 사佛光寺다. 깊은 산속에 자리를 잡고 자연과 하나가 된 이 사원은 서양의 석조 건축처럼 웅장하고 위대한 모습은 아니지만, 목조 건축 특유의 따뜻함이 느껴진다. 바로 하늘과 인간이 하나가 되는 '천인합일天人合一'을 구현한 것이다. 목조 건축에 쓰인 흙, 나무 등의 재료는 자연에서 와서 마지막에 자연으로 돌아간다. '만물은 생겨서 머물다 부서져 사라진다'라는 불교의 원리인 성주괴공成住壞空을 구현하고 있는 것이다.

현실의 장애물을 뛰어넘는 종교예술의 매력

동양이든 서양이든 종교는 사람들에게 위안을 가져다준다. 자신할 수 없는 세상과 직면해야 할 때, 종교는 현실의 장애물을 뛰어넘도록 용기를 주고, 그로써 마음의 안정을 찾을 수 있게 해준다. 중세 종교예술품을 비롯해 인류의 그 어떤 종교예술품을 감상하든 우리는 작품 자체만이 아니라 당시 사람들의 정신과 희망을 담은 매개체를 마주한다. 이 작품들을 통해 우리는 간절했던 그들의 영혼과 마음속 숭고한 존재를 느끼게 된다. 어쩌면 이것이 바로 종교예술의 매력이 아닐까?

7 / 회화의 정신

르네상스기 레오나르도 다빈치의 탐구
Vs.
원나라 예찬의 사의

르네상스 시대의 대표적 화가인 레오나르도 다빈치가 그린 「모나리자」와 중국 출신의 프랑스 화가 엔페이밍이 수묵화법으로 그린 「모나리자」는 서양과 동양의 예술이 걸어온 서로 다른 길을 보여준다. 서양회화는 그리스 시대부터 '사실 묘사'의 길을 걸어왔으며 르네상스에 이르러 과학적 방법으로 세계와 인간을 묘사했다. 이에 반해 중국 문인은 자연을 스승으로 삼아 천지의 정신과 교류하고 붓과 먹을 통해 마음속 경지를 그려냈다.

루브르에서 만난 동양의 「모나리자」

2009년 2월 11일 루브르 박물관에서는 색다른 개인전이 열렸다. 바로 프랑스 국적의 중국 화가 옌페이밍嚴培明, 1960~ 마오쩌둥, 리샤오룽 등 친숙한 역사적 인물을 거침없는 붓 터치와 모노톤으로 표현해온 화가로 유명하다. 생존 작가로는 유일하게 루브르 박물관에서 개인전을 열었다의 회화전 〈모나리자의 장례식〉이다. 이 전시회는 루브르 박물관 드농관 1층 회화실에서 열렸는데, 이곳은 레오나르도 다빈치의 「모나리자」가 전시된 곳이기도 하다. 두 「모나리자」의 거리는 30미터에 불과했다. 이 전시회는 루브르 박물관이 고전미술과 현대미술을 한자리에서 조망하기 위한 배경으로 기획됐다. 옌페이밍은 인터뷰에서 "루브르 박물관 측에서 개인전을 제안하면서 장소가 「모나리자」가 걸려 있는 홀의 뒤쪽이라고 했다. 문득 '그렇다면

레오나르도 다빈치의 「모나리자」와 옌페이밍의 「모나리자」
16세기의 이탈리아 화가가 남긴 걸작 「모나리자」와 21세기 동양인 화가가 새롭게 해석한 「모나리자」가 만났다.

모나리자를 꼭 한 번 그려봐야겠다'라는 생각이 들었다"라고 말했다. 16세기의 이탈리아 화가가 남긴 걸작 「모나리자」와 21세기 동양인 화가가 새롭게 해석한 「모나리자」는 이렇게 극적인 만남을 가지게 됐다.

사실 「모나리자」를 재해석하려는 시도는 이번이 처음은 아니었다. 「진주 장식을 한 여인」을 그린 코로를 비롯해서 달리, 뒤샹 등 서로 다른 시대의 화가들이 서로 다른 방식으로 「모나리자」를 재해석했다.

「모나리자」는 「비너스」 「사모트라케의 니케」와 더불어 루브르 박물관의 3대 보물(두 조각품은 고대 그리스의 작품이고, 「모나리자」만이 이탈리아 르네상스기 작품이다)로 꼽힌다. 매년 700만여 명에 달하는 사람들이 루브르 박물관을 방문하는데, 그들이 가장 보고 싶어하는 작품도 바로

미술사상 모나리자를 재해석하려는 시도는 여러 번 있었다. 왼쪽부터 시계 방향으로 코로의 「진주 장식을 한 여인」과 달리와 뒤샹이 각각 재해석한 「모나리자」

「모나리자」라고 한다. 설레는 마음을 안고 찾아오는 사람들은 관람객을 응시하는 「모나리자」의 깊고 그윽한 눈빛에 신비함을 느낀다.

엔페이밍의 손끝에서 탄생한 동양의 「모나리자」는 어떤 모습일까. 그는 자신의 작품을 이렇게 설명한다. "이 그림에서 내가 쓴 방식은 일종

7장. 회화의 정신

의 투영기법이다. 레오나르도의 모나리자에 빛을 쏘아 그림자가 비치게
했다. 내가 그린 건 「모나리자」의 그림자다."

　루브르 박물관을 찾은 푸른 눈의 서양인들은 눈물을 흘리는 회색
빛의 「모나리자」에서 동양회화 특유의 은근한 기품과 개성을 발견한다.
사실적이고 설명적이며 구체적인 전달을 중시하는 서양회화에 익숙한
그들이 간결하고 함축적인 표현과 심오한 정신을 강조하는 동양회화를
얼마나 이해할지는 알 수 없다. 하지만 동양회화에서 풍기는 또 다른
신비로움에 흥미를 느끼지 않았을까. 그런데 시간을 400년 전으로 되
돌리면 상황은 완전히 달라진다. 17세기, 서양인과 동양인은 서로의 나
라에서 건너온 그림을 보며 공감과 감동 대신 적잖은 당혹감을 느꼈던
것이다.

동서 문화교류의 선구자, 마테오 리치의 시선

　1601년, 몇 명의 서양인이 베이징으로 들어왔다. 그들은 마테오
리치와 그가 이끄는 이탈리아의 예수회에서 온 선교사들이었다. 마테
오 리치는 중국으로 들어올 당시 직접 선별한 서양회화 세 점(모두 예수
나 성모마리아를 그린 종교화였다)을 명나라 만력제 신종神宗에게 진상했
다. 마테오 리치는 만력제가 이탈리아 회화 예술의 아름다움에 경탄할
것이라 기대했고, 그것을 기회로 선교 활동의 지지를 얻고자 했다. 그러

나 실망스럽게도 만력제는 그저 '생불生佛'과 비슷한 예수상에 조금 관심을 가졌을 뿐 다른 서양회화에는 전혀 흥미를 느끼지 못했다. 자명종과 대성양금(피아노의 전신)은 만력제를 크게 기쁘게 했으나 그림은 그렇지 못했던 것이다.

만력제가 서양회화의 예술성에 감동할 거라 기대했던 마테오 리치는 너무나 당혹스러웠다. 그는 동양화가 실제 세계와 자연의 모습을 과학적이고 사실적으로 반영하지 않았다고 봤으며 서양화의 예술성이 훨씬 뛰

마테오 리치|Matteo Ricci, 1552~1610년

중국 명대 말기에 활약했고, 중국 최초로 선교한 인물로서 한국의 천주교 성립에도 큰 영향을 끼친 것으로 알려져 있다. 만력제에게 자명종, 프리즘 등을 선물해 환심을 샀고 남당(교회당)을 설치하고는, 많은 고관 및 문인들과 교유했다. 그의 주된 목적은 비록 종교적 포교에 있었지만, 동서 문화교류에도 큰 기여를 했다. 특히 전도를 위해서는 지식인층의 신임을 얻어야 한다는 생각으로 『기하학 원본』 등 서양의 여러 학술서적을 중국어로 번역해 소개하기도 했다. 조선 영조 시기 실학자 홍대용은 1765년 베이징을 다녀와 이런 기록을 남기기도 했다. "이마두(마테오 리치)는 천문성상天文星象과 산수역법算數曆法을 모르는 것이 없었다 한다. 그 근본을 연구하고 증거를 밝혀 억지스러운 말이 없으니 천고에 기이한 재주다."

어나다고 보았기 때문이다. 마테오 리치는 이런 기록을 남겼다. "중국 그림은 양陽만 그릴 뿐 음陰을 그리지 않아 입체감이 없다. 원근법, 투시법에 대해 전혀 하는 바가 없어 중국의 회화에서는 생동감이 느껴지지 않는다. 게다가 검은색만 사용할 뿐 유채색은 사용하지 않는다."

21세기의 서양인들이 동양의 「모나리자」를 보면서 새로움을 느끼는 것과 달리, 마테오 리치는 동양회화에 별 매력을 느끼지 못했다. 레오나르도의 고향인 이탈리아에서 온 마테오 리치는 동양과 서양의 서로 다른 예술 이념 사이에서 혼란을 느꼈던 것이다. 동양화는 대상의 사실적인 모습을 묘사하기보다는 정신적 가치의 표현을 더욱 중요하게 여겼던 탓에 서양미술의 미적 기준으로 이해하기 힘들었던 것이 아닐까.

르네상스 회화의 정신과 대표적인 화가들

르네상스는 14세기 이탈리아에서 시작되어 16세기 유럽 전역에 퍼진 운동으로 가톨릭 교회의 권위와 신 중심의 세계관에서 해방되고, 그리스·로마의 고전문화를 연구해 인간성 회복을 회복하는 데 역점을 두었다. 르네상스의 대표적인 초기 사상가 페트라르카는 고대를 문화의 절정기로 보는 반면, 중세는 인간의 창조성이 무시된 '암흑시대'로 보면서 새로운 문명은 고전 학문의 부흥을 통해 가능하다고 보았다. 르네상스기 인문주의자들은 인간의 지성과 교양을 발전시키려는 신념에 차 있었으며 무엇보다 이성과 과학을 기본 정신으로 삼았다. 이러한 흐름은 예술에도 영향을 미쳤다.

르네상스 회화가 이룩한 가장 뚜렷한 성과는 원근법의 정립이며, 이것은 20세기 입체파가 등장할 때까지 서구 회화를 지배한 공간 표현의 원리였다. 따라서 회화는 가시적인 세계에 대한 관찰에 바탕을 두고 원근법 등의 수학적 원칙에 따라 그려졌다. 르네상스 시대에 미술은 자연을 탐구하는 수단이자 과학이었다.

르네상스 회화 양식을 정립하는 데 매우 결정적인 역할을 한 화가는 마사초Masaccio, 1401~28로, 그는 「성 삼위일체」와 「성전세」와 같은 작품에서 그림에 최초로 원급법을 도입했다.

르네상스가 본격적으로 전개되기 전인 13세기 말과 14세기 초 '초기 르네상스' 시기의 대표적인 화가로는 조토 디본도네Giotto di Bondone, 1267?~1337를 들 수 있다. 이 시기에 많은 예술가가 고딕과 비잔틴 양식을 중심으로 한 중세적 관습에서 벗어나려는 시도를 했는데, 조토는 이 변화의 선두에서 서양회화의 흐름을 르네상스 정신에 부합하도록 바꿔놓은 혁신의 주인공이다. 루브르 박물관 대화랑 입구에 전시된 「성 프란체스코의 거룩한 상처」에서 조토는 수도사의 모습에 공간감과 무게감을 표현하는 등 중세의 엄격한 양식화에서 벗어난 사실주의를 보여준다.

조토의 작품 옆에는 르네상스의 회화 정신을 독특한 방향으로 발전시킨 보티첼리의 「소녀에게 선물을 주는 비너스와 삼미신」이 전시되어

마사초의 「성 삼위일체」, 1425~28년, 피렌체 산타마리아 노벨라 성당

조토의 「성 프란체스코의 거룩한 상처」, 1300년경

보티첼리의 「소녀에게 선물을 주는 비너스와 삼미신」, 1480~83년경
부드러운 빛깔, 몸짓과 옷 주름의 유동적인 리듬감을 표현한 보티첼리만의 우아한 스타일을 볼
수 있다.

있다. 인체의 곡선이 자연스럽게 표현된 이 그림에서는 인물이 신비롭고 우아하게 느껴진다. 이러한 혁신은 인간성의 긍정을 바탕으로 한 르네상스 정신이 아니었다면 불가능했을 것이다.

그 밖에 르네상스 미술의 부흥을 이끈 화가와 건축가로는 파올로 우첼로, 도나텔로, 필리포 브루넬레스키 등이 있다.

르네상스 회화를 완성한 천재, 레오나르도 다빈치

사실성을 추구하는 서양회화의 역사에서 레오나르도 다빈치는 독보적인 위치를 차지한다. 그는 예리한 관찰과 정확한 묘사를 바탕으로 주제를 드러내는 데 재능을 보였다. 레오나르도 다빈치는 르네상스 회화를 완성한 천재라고 불리며, 중세시대에는 예술 장르로 주목받지 못했던 회화를 학문 이상의 것으로 끌어올리는 업적을 남겼다.

레오나르도에게 있어 예술은 바로 과학이었다. 그는 오늘날 우리가 자연과학으로 분류하는 해부학, 기체역학, 동물학 등에도 깊은 관심을 가졌으며, 이는 「모나리자」와 「최후의 만찬」을 비롯한 여러 뛰어난 예술작품을 남기는 토대가 됐다. 레오나르도는 그때그때 떠오르는 착상들을 메모로 남겼는데, 이것들은 『코덱스 아틀란티쿠스Codex Atlanticus』라는 이름으로 편집되어 현재 이탈리아 밀라노의 레오나르도 다빈치 박물관에 보관되어 있다.

레오나르도는 35세(1487)에 세계 최초로 비행기 설계도를 제작하기도 했다. 그는 평생 각종 기계와 무기를 설계했고, 그중에는 심지어 잠수 장치와 자전거, 탱크, 기관총, 헬기 등도 포함돼 있다. 하지만 당시 과학 수준의 한계 때문에 많은 설계가 실제 제작으로 이어지지는 못했고, 대부분 현대에 이르러 제작되어 세상에 그 모습을 드러냈다. 레오나르도는 세계 발명사에도 이름을 남긴 것이다.

레오나르도의 나무와 인체 비례도

레오나르도가 사실성을 얼마나 중시했는가는 그가 남긴 글에서 여러 번 언급되는 '거울'이라는 단어를 통해 알 수 있다. 그는 "화가는 그림을 그릴 때 반드시 거울을 준비해야 한다. 화가는 마치 거울처럼 모든 사물의 색채와 형상을 사실 그대로 반영해야 한다"라고 말했다.

이를테면 레오나르도에게 나무는 묘사의 대상이기 이전에 과학적 연구의 대상이었다. 그는 나무줄기의 생장 법칙을 수학과 과학의 원리를 통해 연구했으며, 나뭇잎의 구조까지도 꼼꼼하게 관찰했다. 레오나르도는 이러한 나무 연구를 바탕으로 「동방박사의 경배」(미완성)를 그렸다.

레오나르도는 나무뿐 아니라 인체에 대해서도 놀라우리만치 세세하게 분석하고 연구했다. 1유로짜리 동전의 뒷면에는 유명한 인체 비례도

레오나르도 다빈치의 「동방박사의 경배」, 1481~82년, 피렌체 우피치 미술관

가 그려져 있는데, 바로 레오나르도가 그린 「비트루비우스적 인간」이다. 그런데 쉽게 잘라볼 수 있는 나무와 달리 인체 구조를 연구하는 것은 훨씬 더 복잡한 일이었다. 당시 밀라노는 흑사병이 휩쓸고 지나간 지 얼마 되지 않아 많은 시신이 버려졌는데, 어쩌면 이것이 레오나르도의 인체 연구를 가능하게 했는지도 모른다. 레오나르도가 남긴 해부학에 관련된 원고에는 이런 글이 있다. "혈관에 대한 실질적이고 완벽한 지식을 얻기 위해 나는 이미 열 구도 넘는 시체를 해부했다. 정맥을 포함한 모든 기관을 분해했으며 설령 아주 작은 살점이라도 모두 깨끗하게 제거했다."

또 다른 해부학 관련 원고에서는, 팔을 돌리면 골격과 근육이 변화하는 모습을 여러 장으로 나누어 그려 운동과 힘의 공식을 추론해내는 과정을 확인할 수 있다. 또 레오나르도는 이런 말도 했다. "그림 속 인물의 손짓에서 생동감이 느껴질 때 비로소 그들은 생각과 의도를 갖게 된다."

「모나리자」를 보면 레오나르도가 여인의 희고 부드러운 두 손을 사실적이면서 생동감 있게 묘사하기 위해 얼마나 많은 공을 들였는지 알 수 있다. 어떤 이는 그림 속 모나리자의 손을 보고 "세계 미술사상 가장 아름다운 오른손"이라고 찬양했다. 또한 「모나리자」의 미소는 한 번 보는 것만으로 뇌리에 각인된다. 모나리자의 미소가 특별한 이유는 무엇일까?

레오나르도는 '웃음'에 대해서도 연구를 했다. '사람은 어떻게 웃는가?' 이는 근육의 수축과 이완이 어떻게 미소를 만들어내는지 확실히

레오나르도 다빈치가 그린 인체 비례도「비트루비우스적 인간」, 1490년경
"인체는 비례의 모범이다. 사람이 팔과 다리를 뻗으면 완벽한 기하학적 형태
인 정사각형과 원에 딱 들어맞기 때문이다." 로마의 건축가 비트루비우스의
이 글대로 레오나르도는 두 팔과 다리를 벌리고 선 남성의 인체를 원과 정사
각형으로 둘러 그 안에 인체가 완벽히 합치되는 모습을 보여주었다.

알아야만 답할 수 있는 문제다. 「모나리자」의 미소가 특별하게 느껴지는 이유는 이러한 과학의 원리가 반영됐기 때문일 것이다. 레오나르도는 치밀한 연구와 준비 작업을 거쳐 5년 만에 비로소 「모나리자」를 완성했다. 그는 과학을 통해 '생명의 형체'를 재현해내는 데 성공했다.

동양의 수묵화가 추구한 예술적 경지, 왕유와 예찬

마테오 리치가 진상한 그림들을 보고 만력제가 별 감흥을 느끼지 못했던 것은, 예술을 평가하는 기준이 달랐기 때문이다. 만력제는 진정한 회화 예술은 자연을 있는 그대로 묘사하기보다 인간 정신의 높은 경지, 즉 도道를 표현해야 한다고 보았다.

서양에서는 자연에 대비해 인간을 '만물의 영장'이라고 봤지만, 동양에서는 자연에 자아가 합일하려는 열망이 강했다. 동양의 문인들은 인간의 세계보다는 하늘과 땅의 세계를 표현하고자 했고, 그 속에서 자연과 인간의 조화를 꿈꾸었다. 이러한 열망은 동양의 화가들이 줄곧 '산수山水'를 화제로 그림을 그린 데에서도 엿볼 수 있다. 동양에서 이러한 회화관이 본격적으로 형성되기 시작한 것은 당나라 화가 왕유 때부터였다.

왕유를 비롯한 당시 동양의 많은 화가는 주로 붓에 먹을 묻혀 윤곽선 없이 한 붓에 그려내는 몰골법沒骨法으로 수묵화를 즐겨 그렸다. 그 당나라의 뛰어난 화가이자 시인. 자연을 소재로 한 서정시에 뛰어나 이백, 두보와 더불어 '당나라의 3대 시인'으로 불린다. 당시에는 문인들이 그린 그림을 전문적인 화가들이 그린 그림과 구별해서 문인화文人畫라고 불렀는데 왕유는 남종문인화의 창시자로 평가받는다. 당대 이전의 화려한 채색법에 대항해 순수한 수묵화법을 전개했으며 평원한 풍경을 그리는 데 뛰어났다. 당시에는 장안長安에 있는 건축물에 그린 「장벽산수화牆壁山水畫」나 「창주도滄州圖」 「망천도輞川圖」 등이 널리 알려져 있었지만 오늘날에 확실한 진본眞本들은 전하지 않는다.

들은 주관적이고 상징적인 표현 기법을 통해 세계를 재현하기보다 이를 초월해 더 높은 경지의 예술적 아름다움을 추구했다. 즉, 외형 묘사를 위주로 그리기보다는 사의寫意. 사물의 형태보다는 그 내용이나 정신에 치중해 그리는 일를 드러내는 데 중점을 둔 것이다. 후대 송나라의 시인 소동파는 왕유의 그림을 평하면서 "시 속에 그림이 있고 그림 속에 시가 있다詩中有畫 畫中有詩"라고 했는데, 바로 이 말에 동양화의 특징이 잘 함축되어 있다.

동양화는 이후에 자유로운 형식을 발전시켜 더욱 초탈한 정신을 표현했다. 그중 최고의 품격을 갖춘 대표적인 작품으로 예찬이 그린 「유간한송도幽澗寒松圖」를 들 수 있다.

예찬의 「유간한송도」, 원나라, 베이징 고궁박물원

묵지읍연적墨池挹涓滴, 우아무변춘寓我無邊春

연지에서 물을 몇 방울 떠내니 가없는 봄이 나에게 머무네

이것은 예찬이 자신의 그림을 글로 표현한 것이다. 예찬은 그림에 세속을 초월한 담백한 정신의 기운을 토해내야 한다고 보았으며 이것이 그가 예술가로서 평생 추구한 것이었다.

예찬倪瓚, 1301~74년

원대의 화가. 장쑤 성 우시無錫 부호의 집안에서 태어나 고서화, 고기물을 수집하고 많은 문인과 사귀며 은둔 생활을 했다. 노년에 예찬은 20년간 배 위에서 생활하며 타이후太湖 호를 자유롭게 노닐었다.

평원平遠 산수 양식을 확립했으며 대표적인 그림에 「용슬제도容膝齊圖」 「어장추제도漁莊秋霽圖」 등이 있다. 선종과 도교 사상에 영향을 많이 받았으며 간결한 필법으로 운치를 멋스럽게 표현하는 데 두각을 보였다.

「예찬화상」, 작자 미상, 원나라
예찬은 일상생활에서도 결벽증이 있어 어디를 가든지 청소하는 시동을 대동했다고 한다. 이 그림에 빗자루를 든 아이와 걸레를 든 시녀가 보이는 것도 그러한 면모를 잘 보여준다.

7장. 회화의 정신

「추정가수도秋亭嘉樹圖」는 예찬의 고향인 장쑤 성 타이후 호 주변의 가을 경치를 묘사한 것으로, 멀리 호수의 물결이 끝없이 출렁이고 아련한 산 모양과 구름 한 점 없는 드넓은 하늘이 보인다. 가까이는 비탈진 경사와 초가지붕을 인 정자가 있고 그 옆으로 나무 세 그루가 아름답게 서 있다. 예찬은 대나무와 나무, 돌을 자주 그렸으며, 원경에 면산을, 근경에 정자를 즐겨 그리곤 했다.

예찬이 그린 나무는 줄기가 돌을 비집고 나와 뿌리가 없는 듯 보이며, 가지와 잎사귀는 형체가 잘 구분되지 않는다. 사람들은 그가 그린 대나무가 백모白茅, 옷 위로 허리를 둘러매는 끈 같다고 했지만 그는 전혀 개의치 않았다. 예찬은 그림을 논할 때 "나는 대나무를 그리는 것이 좋다. 그것은 마음속 일기逸氣를 토로하기 위함인데, 닮고 안 닮고를 어찌 신경 쓰겠는가?"라는 말을 자주 했다. 자신이 그린 것은 자연 속의 대나무가 아니라 마음속에 있는 대나무라는 것이다. 자유롭게 붓을 놀려 그리면서도 대나무의 수려함과 시원함, 호리호리하면서도 마디가 있고, 부드러우면서도 강인한 흥취를 살렸다. 레오나르도가 「모나리자」의 미소를 통해 생명의 형체를 표현해냈다면, 예찬은 형체의 속박에서 벗어나 생명의 숨결을 자연스럽게 흐르게 했다. 예찬이 노년에 그린 「추정가수도」에는 이런 글귀가 적혀 있다.

칠월육일우七月六日雨 숙운수옹유거宿云岫翁幽居
7월 6일 동안 내리는 비에, 은자의 깊은 거처에 머물렀네

예찬의 「추정가수도」(부분), 원나라
레오나르도가 「모나리자」의 미소를 통
해 생명의 형체를 표현해냈다면, 예찬
은 형체의 속박에서 벗어나 생명의 숨
결을 자연스럽게 흐르게 했다.

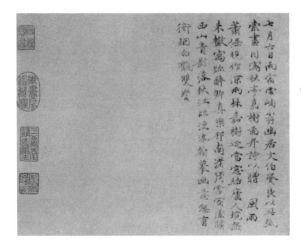

문백현량이비지색화文伯賢良以此紙索畫 인사추정가수도병시이증因寫秋
亭嘉樹圖幷詩以贈

글재주 있고 어진 이들이 이 종이에 그림 그리기를 청하니 「추정가
수도」와 함께 시를 드리네

풍우소조만작량風雨蕭條晚作凉 양주가수근당창兩株嘉樹近당窓

비바람이 스산해 저녁 무렵 추워지고 아름다운 나무 두 그루 창가
를 가리누나

(……)

임류염한모유의臨流染翰慕幽意 홀유충연백학쌍忽有沖烟白鶴双

물가에 앉아 붓을 적셔 그윽한 뜻을 그리는데, 홀연히 빈 안개 속에 흰 두루미 한 쌍 있네

예찬은 정경에 취해 즉흥적으로 그림을 그리면서 인생과 자연에 대한 깨달음을 그림 속에 녹여낸다. 흥에 취해 시작해 흥이 다해 완성된 「추정가수도」는 순식간에 수천 리의 호수와 산을 담아내는 창작 충동을 강조하고 있다.

건륭제는 「추정가수도」를 무척이나 아껴 절세의 일품逸品이라고 칭하고, 그림에 '어서방감장보御書房鑑藏宝' '삼희당정감새三希堂精鑑璽' '건륭감상乾隆鑑賞' 등 여러 개의 인장을 찍었다. 「추정가수도」는 또한 후대 왕조의 황제와 문인, 사대부의 사랑을 받아 자금성에 소장되어 지금까지 전해오고 있다.

서양의 투시 원근법과 대기 원근법 동양의 사의

「모나리자」의 배경이 된 풍경은 사람들의 논쟁거리가 됐다. 사람들은 이탈리아의 풍경과 다른 듯하면서도 닮은 이 배경이 대체 어디를 그린 것인지 궁금해했다. 어떤 사람들은 모나리자의 산허리를 휘감은 안개를 보며 이 풍경이 동양의 산수화를 닮았다고도 한다.

레오나르도의 그림은 어떻게 이토록 사실적이면서도 신비로운 느낌

을 주는 걸까? 사람이 그 안으로 손을 뻗거나, 심지어 걸어 들어갈 정도로 말이다. 평면 위에 공간감을 만들기 위해 레오나르도는 투시원근법을 썼다.

원근법은 사람의 눈에 보이는 것처럼 가까운 것은 크게, 멀리 있는 것은 작게 그리는 기법으로, 모든 물체의 연장선은 한 점(소실점)에 모이게 된다. 또한 색채로도 원근을 표현할 수 있다. 레오나르도는 색채의 단계적인 변화를 통해 회화의 깊이를 주는 방법(대기원근법)을 썼다. 이는 사람의 눈이 가까운 곳을 볼 때는 진하게 보이고 먼 곳을 볼 때는 흐릿해 보이는 원리를 이용한 것이다. 이러한 기법의 발견은 서양회화 예술의 중대한 전환점이 됐다.

레오나르도는 「모나리자」의 배경을 그리는 데 이런 원근법뿐 아니라 안개가 낀 것처럼 뿌옇게 보이도록 하는 기법도 썼다. 배경 속 산수는 아득하고 색채 역시 모호해 보는 이로 하여금 끝없는 상상을 불러일으킨다. 레오나르도의 풍경은 어쩌면 존재하지 않는 것일지 모른다. 하지만 그가 창조해낸 이 풍경은 물질세계의 자연법칙에 완전히 부합한다.

중국의 산수화 역시 먹의 농담을 통해 풍경의 원근을 표현했다. 비록 투시법을 엄격히 탐구하지는 않았지만, 원근의 관념은 존재했다. 그러나 예찬은 정반대였다. 다시 「추정가수도」에 그려진 산들을 보자. 먹 색깔이 기본적으로 비슷하고, 원근을 나타내는 농담의 구분도 철저하게 무시해 사물의 형상에 초연해 보인다. 그의 그림을 오래도록 보고 있으면 점차 고요하고 아득해진다. 예찬의 예술적 정취는 후대 문인들의 마음속에 누구도 넘지 못할 경지로 자리 잡았다. 그의 그림이 사실에 얼마나 근접했는가보다 얼마나 높고 심원한 깊이를 표현했는가를 중요시했기 때문이다.

동서양 예술이 추구한
서로 다른 경지

예술을 비교할 때 우리는 한 가지 기준으로 바라보려 한다. 하지만 예술은 각기 다른 형태로 다른 시대를 대표하기 때문에 비교할 수도 대신할 수도 없는 것이다. 다른 시대, 다른 공간에 있던 작품들이 한곳에 모였을 때 비로소 각 작품의 의미가 가장 뚜렷하게 드러나는 것이 아닐까.

르네상스 시기의 화가들은 과학과 이성을 통해 인간성을 표현했다. 그리스 시대부터 '사실 묘사'의 길을 걸어 온 서양회화는 르네상스에 이르러 제2의 전성기를 맞게 된다. 이에 반해 중국 문인은 자연을 스승으로 삼아 천지의 정신과 교류하고 붓과 먹을 통해 마음속 경지를 그려냈다. 동서양 예술이 추구했던 서로 다른 경지가 인류 문화의 다채로움을 이루게 한 것이 아닐까.

8 / 극적인 빛과 순수한 필묵.

17세기 렘브란트

Vs.

청의 팔대산인

여러 가지 색을 덧칠해 강렬함을 불러일으키
는 서양회화, 흑백의 간결한 터치로 신비함을
불러일으키는 동양회화, 둘의 차이는 어디에
서 비롯되는 것일까? 가설과 논증을 필요로
하는 연역적 논리의 서양적 사유와 귀납적 추
론을 바탕으로 한 동양적 사유, 이 사유 방식
의 차이가 예술 표현의 차이를 불러온 것일까?
17세기 각각 서양과 동양의 예술가를 대표하
는 렘브란트와 팔대산인의 작품을 통해 동서
양 회화 표현의 차이를 살펴보자.

동양의 화가들은 루브르 박물관의 수많은 회화를 보며 이런 질문을 한다. '서양화가들은 어째서 색깔을 여러 번 반복해서 칠할까?' 반면 서양화가들의 궁금함은 이렇다. '어째서 동양화가들은 자신의 마음을 흑백으로 표현할까?' 이 차이는 어디에서 비롯한 것일까? 앞에서도 살펴보았지만, 동서양의 예술과 그들의 사유 방식은 깊은 관련이 있다. 서양의 사유 방식은 가설이 필요한 연역적 논리의 사유인 데 반해 동양의 사유 방식은 귀납적 사유를 바탕으로 한 일종의 깨달음이다. 이제 우리 눈을 각각 17세기 서양과 동양의 예술가를 대표하는, 렘브란트와 청대의 화가 팔대산인에게 돌려보자.

8장. 극적인 빛과 순수한 필묵

네덜란드 화가 렘브란트의 「도살된 소」에서 무엇이 보이는가? 방금
도살당한 황소가 걸려 있는 장면은 피비린내가 진동하는 듯하지만 이
그림은 소재('도살된 소'는 예전에는 회화의 소재로 쓰이지 않았다)나 기법
면에서 17세기 서양 예술의 중요한 전환을 보여준다. 루브르 박물관에
있는 렘브란트의 모든 회화 작품은 '사실 회화'에 속한다. 그림의 배경과

렘브란트의 「도살된 소」, 1655년

인체의 해부, 투시 모두 정확하다. 또 생생한 색채와 거칠게 표현된 살결, 힘 있는 필치로 긴장감을 표현했다.

이번에는 팔대산인의 그림을 보자. 중국 고궁박물원에 소장되어 있는 「조석도鳥石圖」, 이 그림의 간결한 필치 속에서 당신은 무엇을 보는가? 독특하게 우뚝 솟은 구도 속에 중국 회화의 높은 경지가 담겨 있다. 팔대산인의 비조飛鳥와 기석奇石의 생생한 자태는 놀랍게도 몇 번의 붓놀림으로 탄생한 것이다. 붓을 통해 화가의 순간적 깨달음이 화선지 위에 먹물로 퍼져간다. 팔대산인은 연꽃과 연잎, 돌에 대한 깨달음을

팔대산인의 「조석도」(부분), 청나라 초기

몇 가닥 선으로 뽑아냈다. 어쩌면 팔대산인이 게으른 화가라는 생각이 들지도 모른다. 새 한 마리와 헤엄치는 물고기 한 마리, 혹은 간단하게 붓으로 몇 번 그린 돌의 형태보다 여백이 몇십 배 더 커 보이니 말이다. 지금은 익숙한 이러한 간결한 화법이 당시 중국 회화에서는 대단히 새로운 것이었다.

이 두 그림에서 우리는 격정 속에서 평온을 찾는 렘브란트와 침묵하는 듯하면서도 많은 이야기를 하고 있는 팔대산인을 만날 수 있다. 하지만 작품을 제대로 이해하기 위해서는 그들이 살았던 시대로 돌아가 예술가의 마음속으로 들어가야만 한다. 이 두 예술가는 비슷한 시기를 살아가며, 네덜란드 공화국 건국과 청나라 건국이라는 역사적 큰 변화를 겪었다.

네덜란드의 빛의 화가, 렘브란트

오늘날 빛을 사용한 인물 촬영은 무척 익숙하다. 하지만 이런 조명법이 렘브란트에게서 시작됐다는 것을 아는 사람은 드물다. 명암의 대비를 통해 입체감을 드러내는 것, 이것이 바로 유명한 '렘브란트 조명'이다. 밝고 부드러운 빛은 종교화와 궁궐을 배경으로 한 그림에 적절했지만, 렘브란트의 출현으로 이 모든 것은 변하게 된다.

렘브란트가 활동하던 시기의 암스테르담은 유럽의 최대 항구로, 사

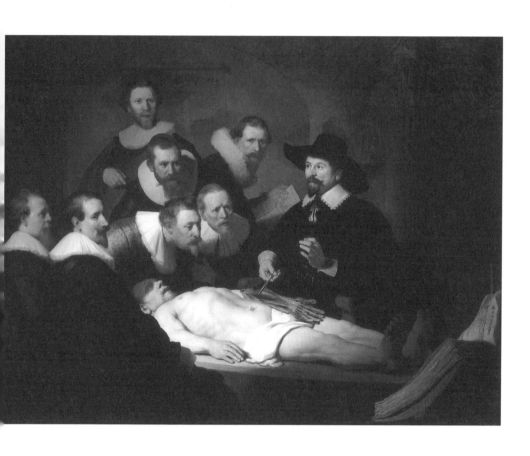

렘브란트의 「튈프 박사의 해부학 강의」, 1632년

렘브란트 조명Rembrandt lighting

대각선 45도 위에서 비치는 그림자가 뚜렷한 극적인 조명. 렘브란트가 초상화 등에서 강한 명암 대비를 통해 개성적 표현을 시도한 데서 유래한 용어. 연한 역광을 받고 정면에는 생생한 명암 대비를 주어 강렬하고도 동적인 인상을 동시에 주는 이 조명법은 그리피스D.W. Griffith 이래 1930년대와 1940년대 할리우드에서 주류를 이루어 극적이면서 낭만적인 효과를 표현했다.

방으로 뚫린 뱃길을 이용해 네덜란드인들은 부를 쌓았다. 16세기 말 네덜란드 공화국이 건설되고, 부유해지자 네덜란드 사람들은 정물이나 자연 풍경, 초상을 그린 그림을 장식품 삼아 갖추기 시작한다. 오늘날 우리로서는 상상하기 어렵지만, 당시에는 그림 값이 그림 속 새의 깃털 수에 따라 달라졌다고 한다. 즉, 돈을 많이 주면 화가는 새의 깃털을 좀 더 섬세하고 광채가 나게 그려줬고, 포도송이 위에 빛을 그려달라고 요구할 수도 있었다. 화가의 기교를 계산해 그림 값을 매긴 것이다. 덕분에 화가들은 성경을 소재로 한 그림과 역사화의 속박에서 벗어나, 점차 그림을 구매하는 신흥 부르주아의 일상에 주목하기 시작했고 이를 효과적으로 드러낼 빛의 처리 기법을 고민하게 됐다. 젊은 화가, 렘브란트도 예외는 아니었다.

렘브란트의 작품에는 새로운 힘이 숨어 있다. 「튈프 박사의 해부학 강의」에서 렘브란트는 해부학 강의를 듣는 인물들을 일렬로 배치하는 단일 구도 대신 피라미드 구도로 집단 초상화를 그려 당대 사람들에게 충격을 주었다. 이 작품으로 명성을 얻으면서 그에게 그림 주문이

쇄도한다.

루브르 박물관에 소장된 17세기 네덜란드 인물화들을 감상하면서 우리는 마치 17세기 암스테르담을 거닐고 있는 듯한 느낌을 받게 된다. 렘브란트는 일상생활을 묘사하면서 더욱 독특한 빛의 표현 방법을 탐구해 그림 속에 개성을 표현하기 시작했다. 이는 인물의 성격까지 표현했다는 점에서 중국인들에게 익숙한 '사의적 표현'과 맞닿아 있지 않을까.

불교의 깨달음과 진리를 표현한 팔대산인

재현식 모사를 중요하게 여기지 않는 동양화에서는 화가의 정신 세계, 즉 사의가 중요하다. 사의를 표현한 그림들은 팔대산인의 화필을 통해 한층 더 심오하게 발전한다.

선禪은 일종의 생활 태도이며, 마음의 상태이자, 순수와 지혜에 대한 추구다. 참선이 팔대산인에게 어떤 영향을 주었는지 확실히 말하기 어렵다. 하지만 그가 스스로를 정토淨土의 사람이라 부른 것으로 볼 때 어쩌면 그림 곳곳에 남겨진 여백은 바로 선에 대한 염원을 표현한 것인지도 모르겠다. 내키는 대로 그린 듯한 그의 서화는 기존의 중국화에서 볼 수 없었던 전혀 새로운 것이었으며, 생동적이면서도 현묘한 것이었다. 『전서사생도책傳棨寫生圖冊』은 팔대산인의 최초 회화 작품으로

8장. 극적인 빛과 순수한 필묵

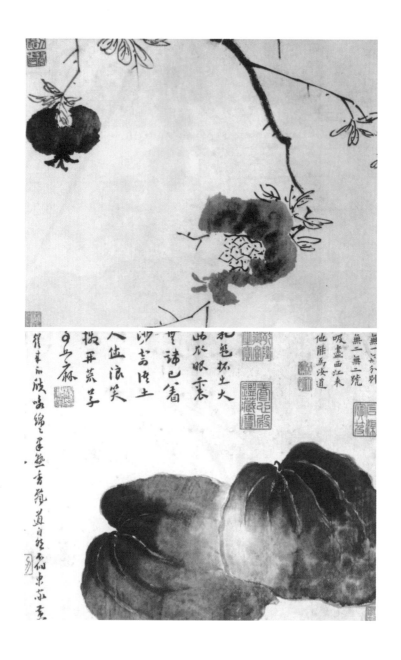

팔대산인의 『전서사생도책』(부분), 청나라 초기, 타이베이 고궁박물원

팔대산인八大山人. 1626~1705년

청나라 초기의 승려 화가. 본명은 주탑朱耷, 자는 설개雪箇. 명나라의 황족 출신으로 장시 성江西省 난창南昌(202년 설립된 이래 줄곧 중원의 주요 무역 및 상품 집산지였으며, 당나라 시인 왕발王勃은 이곳에 있는 누각인 등왕각騰王閣의 웅장함을 시로 노래한 바 있다. 명나라에 이르러 인구 20만의 번화한 도시로 성장했다)에서 나고 자랐다.

1644년, 만주족이 중원의 주인이 되면서 가장 먼저 타격을 받은 것은 당연히 명나라 황실의 후예들이었다. 팔대산인의 안락했던 생활은 끝나고, 망국의 서러움 속에서 몸부림치던 그는 4년 후 아내와 자식마저 잃고 만다. 더 이상 세상에 아무런 미련도 남지 않은 주탑은 무력함과 울분을 품고 불문에 귀의해 스승을 따라 선종을 수행하며 회화를 배우게 된다. 산수화나 화훼화에 바위를 묘사하여 사실과 반추상이 한 화면에 공존하는 새로운 표현으로 후대에 영향을 미쳤다.

난창에서 50킬로미터 떨어진 황마 향黃馬鄉은 겉보기에는 특별할 것 없는 보통 시골이지만, 400년 전 팔대산인이 처음 출가했던 개강등사介岡灯社가 있고 학림선사鶴林禪寺는 팔대산인의 옛 거처가 있던 곳이다(지금은 정문과 담벼락밖에 남아 있지 않다).

1659년(불문에 귀의해 수행한 지 9년이 되는 해였다)에 그려졌다.

렘브란트가 빛과 구도로 인물을 극적으로 표현했다면, 팔대산인은 불교의 진리를 깨닫는 과정 속에서 간결한 그림을 통해 선에 대한 열망을 표현했다.

8장. 극적인 빛과 순수한 필묵

시대의 풍조에 도전한 예술가, 렘브란트와 팔대산인

렘브란트는 생전에 많은 자화상을 그렸다. 그중에서도 1660년에 그린 자화상을 보자. 그림 속 지친 노인의 두 눈에는 분노와 한스러움이 어린 듯하다. 삶이 그에게 큰 시련을 주었던 것일까?

「거산소상個山小像」의 그림 속 인물은 상복을 입고 있는 수척한 모습이지만 속세의 기운은 느껴지지 않는다. 의연한 얼굴을 한 이 인물이

렘브란트의 「자화상」, 1660년, 루브르 박물관

바로 팔대산인이다. 그림 속 그의 모습은 마치 잃어버린 낙원을 그리워하는 듯하다. 그림 속 두 화가의 중년의 모습에서 그들이 맞닥뜨린 인생의 굴곡이 느껴진다.

한편 렘브란트의 「야간 순찰대」는 암스테르담 민병대를 그린 집단 초상화다. 하지만 그림 속 인물들은 모두 같은 비중으로 그려지지 않았고 심지어 어두운 구석에 그려진 사람도 있어서, 그림을 의뢰한 측의 불만을 샀다. 오늘날 위대한 작품으로 평가받는 이 그림은 당시 사람들에게는 받아들여지지 않았고, 렘브란트의 명예는 바닥에 떨어졌다.

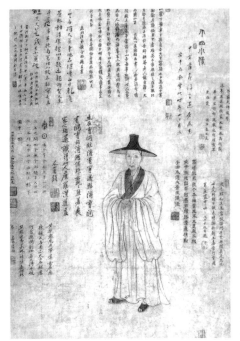

팔대산인의 「거산소상」, 1647년

8장. 극적인 빛과 순수한 필묵

팔대산인의 낙관. '팔대산인八大山人' 네 글자로 구성된 낙관을 보면 마치 '곡哭' 자처럼 보이기도 하고 또 '소笑' 자처럼 보이기도 한다.

1680년 어느 날, 주탑은 돌연 실성한 듯 울다가 웃다가를 반복한다. 난창으로 돌아와 환속한 그는 승복을 불태워버린다. 사람들은 불가에 귀의했던 그가 광기에 사로잡힌 모습을 보고 수군대기 시작했다. 예민한 그는 상처를 받았고, 심경의 변화를 겪었던 것 같다. 그때부터 그가 그린 그림에 '팔대산인'이라는 이름이 등장한다. '八大山人' 네 글자로 구성된 낙관을 보면 마치 '곡哭' 자처럼 보이기도 하고 또 '소笑' 자처럼 보이기도 한다.

대다수 천재 예술가들은 굴곡 많은 파란만장한 인생을 겪고 시대의 이단아로 살아간다. 렘브란트와 팔대산인 역시 예외는 아니었다. 삶과 운명에 대한 투쟁은 자연스럽게 작품에 표현됐고, 그렇기에 그들의 작

렘브란트의 「야간 순찰대」, 1642년경

루벤스의 「마리 드 메디시스의 생애」(연작의 일부), 1622~25년
마리 드 메디시스가 싸움의 신 벨로나 복장을 하고 있다.

품은 특별할 수밖에 없었다.

 렘브란트가 활동한 시대는 바로크 미술이 꽃피던 때로 루브르 박물관에는 바로크 예술품들이 다수 소장돼 있다. 또 21면으로 이루어진 연작 대벽화 「마리 드 메디시스의 생애」는 플랑드르의 화가 루벤스가 프랑스 왕비 마리 드 메디시스Marie de Médicis, 1573~1642를 위해 그린 것으로, 바로크 회화를 집대성한 작품이다. 이 그림은 균형과 조화보다는 역동적인 움직임을 통해 패기를 드러냈다.

 이제 다시 루브르 박물관의 렘브란트 전시관으로 돌아와 「목욕하는 밧세바」를 감상해보자. 성경에 나오는 이 이야기는 루벤스도 그린 소재다. 루벤스의 작품에는 미에 대한 찬양이 가득해 마치 우리 또한 신의 은혜에 감사하는 마음으로 함께 이 아름다운 세계를 감상하자고 말하는 듯하다.

 이에 반해 렘브란트는 비극적 분위기를 드러냈다. 그림 속 모델은 렘브란트 집에 새로 온 유모 헨드리키어다. 이때 헨드리키어는 렘브란트와의 사이에서 혼전 임신을 한 상태여서 표정에서 슬픔과 우울함 등 복잡한 심정이 엿보인다. 처녀가 임신을 했다는 수치심과 남자의 희생양이 됐다는 감정, 그와 동시에 벗어날 수도 돌이킬 수도 없는 운명에 대한 두려움 등 다양한 감정들이 드러난다. 슬픔과 혼란, 의지할 곳 없는 외로움 등의 감정에 이렇게 피와 살을 더해 물질적으로 표현한 것이다.

 이런 대가였지만 렘브란트는 「야간 순찰대」로 암스테르담 화단에서 입지가 좁아진 뒤로 그림 의뢰가 줄어들었으며 경제 사정은 갈수록 나빠졌다. 사랑하는 아내와 자식마저 하나하나 세상을 떠나 그의 내면은

루벤스가 그린 밧세바(왼쪽)와 렘브란트가 그린 밧세바(오른쪽)

황폐해졌다. 그러나 그는 계속해서 자화상에 복잡한 심정을 그려냈다. 그렇게 실험적 화법을 고집하며 곡선과 화려함이 주류를 이룬 시대의 풍조에 도전한 것이다. 동시대 화가들이 여전히 고객의 요구에 따라 그림을 그리고 있을 때, 렘브란트는 자화상에 천착했다. 그는 100여 점에 가까운 자화상을 남겼는데 젊은 시절의 자화상이 금빛 휘장과 터번으로 자신감을 드러냈다면 만년에 제작된 작품들은 가난과 고독에 시달리던 자신을 자조적으로 표현했다. 짙은 어둠을 배경으로 렘브란트식 조명을 주어 망령처럼 표현한 말년의 작품들은 인간 본연의 모습에 대

팔대산인의 「하화도荷花圖」(부분),
청나라 초기, 상하이 박물관
단순하면서도 독특한 구도에, 풍부
한 묵의 농담으로 연꽃을 표현했
다. 묵의 윤기는 화려한 채색보다
더 청량한 기운을 전한다.

한 성찰이 탁월하게 드러난다.

한편 송과 원의 회화를 숭상하던 시대를 살았던 팔대산인은 초기에
는 고전의 규범을 따라 산수와 꽃, 새를 그렸다. 하지만 팔대산인이 이
런 규범을 계속 따르는 데 그쳤다면 오늘날 우리는 그의 독특한 작품
세계를 만날 수 없었을 것이다. 불문에 귀의했다가 다시 환속하면서 팔
대산인의 화필은 비로소 진정한 의미의 자연과 생명을 지향하기 시작
한다. 그가 지극한 품격으로 그린 연꽃과 물고기, 새, 기석 등은 참선을
통해 얻은 깨달음을 잘 보여준다.

위대한 영혼의
독백을 그리다

진정한 예술가에게 있어 무엇을 그리는지는 별로 중요하지 않을지도 모른다. 그들의 탁월함은 색채와 선, 화법을 구사하는 정신에 있으니 말이다.

렘브란트는 만년에 "그림은 화가가 무엇을 보는지에 따라 결정되지만, 더욱 결정적인 것은 화가가 그것을 어떻게 보느냐이다"라고 자신의 예술관을 피력했다. 빛을 등대처럼 이용한 「도살된 소」는 샤임 수틴, 프랜시스 베이컨 등 20세기 예술가들에게 영감을 주었다.

삶에서 몇 차례 큰 시련을 경험했지만 감정의 혼란과 몸부림은 전혀

샤임 수틴의 「도살된 소」, 1925년
렘브란트의 그림에 영감을 받은 작품이다.

찾아볼 수 없는 그림을 그리는 팔대산인. 그는 그림에 이런 글귀를 남겼다. "내가 산수화를 그리는 기법은 북송의 곽희가 구름을 그리는 기법을 따랐으나 그의 기법은 내 것보다 기품이 더 부족하다. 나무를 그리는 기법은 오대五代 동원董源이 마피麻皮를 그리는 기법을 많이 따랐다. 보고 싶은 이, 누구든 내 그림을 펼치면 산봉우리 하나로 송나라 강산을 펼쳐내리라." 한때 괄시받던 팔대산인의 그림은 세련되고 감칠맛나는 필치로 오늘날 화가들에게 영향을 주고 있다.

렘브란트와 팔대산인은 같은 시대를 살았지만 서로 만난 적은 없다. 그들의 그림은 서로 다른 색채를 띠고 있지만 둘 다 붓을 통해 위대한 영혼의 독백을 그리고 있다. 문화는 각기 독자적인 범위 안에서 발전한다. 서로를 타산지석으로 삼기보다 완전한 독자적 체계를 가지고 고유의 양식을 확립한다. 바로 이렇게 각 문화 사이의 왕래가 없었기 때문에, 그 차이 덕분에 오늘날 다양한 예술품을 감상할 수 있게 된 것은 아닐까.

9 / 동양과 서양의 대화

부셰의 그림 속 중국
Vs.
「옹정행락도」 속 유럽

18세기 부셰가 그린 「중국의 정원」 배경에는 중국의 풍경이 등장하지만 종려나무와 파인애플형 건물이 자주 보인다. 유럽 문화에서 항해와 먼 장소를 상징는 종려나무는 중국에서는 드문 나무이고 파인애플형 건축은 탑과 닮았지만, 꼭 같지는 않다는 점에서 두 가지 모두 중국의 실제 모습과 거리가 있다. 이러한 오해는 시누아즈리의 전형적인 특징이다. 옹정제가 그려진 「옹정행락도」에서는 황제가 가발을 쓰고 서양인의 모습으로 분장하고 있다. 300년 전 유럽과 중국은 대화를 나누었지만, 그 대화는 서로에 대한 오해를 안고 있었다. 이 두 문명의 충돌은 어떻게 예술의 재창조와 문화에 대한 재인식으로 이어질 수 있었을까.

루브르 박물관에 전시된 프랑수아 부셰의 「중국의 정원」이라는 작품을 보면, 인물의 얼굴은 서양인이지만 배경은 동양이다. 프랑수아 부셰의 또 다른 그림 「점심 식사」에도 중국풍 물건이 등장한다. 루브르 박물관 리슐리외관 1층에 있는 '나폴레옹 3세의 자택'에는 중국의 청화백자와 자기가 놓여 있다. 또 벽에 걸린 그림 속의 무도회에서는 국왕과 귀족들이 중국인처럼 분장하고 경쾌하게 춤을 춘다. 이와 비슷한 시기에 중국에서도 서양 유화가 많이 그려지고, 유행했다. 중국 고궁박물원에 소장된 「옹정행락도」(234쪽 참고)라는 작품에서는 중국 황제가 가발을 쓰고 서양인의 모습으로 분장하고 있다. 이 그림은 수묵화가 아닌 유화다. 또 자금성 안에 있는 황제의 침실에는 유럽의 서양 시계가 진열되어 있다.

이것은 모두 300년 전에 있었던 일들이다. 당시 동양인과 서양인은 이렇듯 서로 모방하기에 열중했지만 그들이 남긴 자료를 보면 문화에

부셰의 「중국의 정원」, 1742년
이 그림에서 인물은 서양인이지만 배경은 동양이다.

대한 오해가 눈에 띈다.

300년 전 프랑스에서
만나는 중국

밝은 방 안에서 가발을 쓴 남자가 미인점이 있는 젊은 부인과 귀여운 아이와 화목한 분위기 속에서 점심 식사를 하고 있다. 프랑스 화

부셰의 「점심 식사」, 1739년
이 그림에 그려진 중국 다기, 도자기 인형 등을 통해 당대 프랑스에 유행하던 시누아즈리 열풍
을 짐작해볼 수 있다.

가 부셰는 「점심 식사」에서 18세기 프랑스 귀족 가정의 한가로운 생활 풍경을 묘사했다. 이 그림의 배경은 매우 호화롭다. 거대한 창문으로 들어온 빛이 실내 로코코 양식의 장식품들을 비추고 있다.

밝고 가벼운 색채, 부드럽고 화려한 분위기, 안락함과 사랑을 주제로 하는 이런 낭만적인 스타일을 사람들은 '로코코 양식''조개껍데기 모양의 장식'을 뜻하는 프랑스어 '로카유rocaille'에서 나온 말로, 미술이나 건축에서는 꽃무늬 등의 곡선 무늬에 화려한 색을 주로 썼다이라고 불렀다. 로코코는 회화뿐만 아니라 건축, 음악 따위에서도 유행한 양식으로 당시 귀족의 집에서는 목제 가구나 진열장, 카펫이나 수정 그릇 등 실내 장식에서 로코코 스타일을 볼 수 있었다.

프랑수아 부셰는 프랑스 로코코 미술의 전성기를 대표하는 화가로서 당대의 취향과 유행을 가장 잘 반영한 작품을 제작해 궁정과 귀족, 부르주아에게까지 폭넓은 인기를 누렸다. 부셰의 그림이 보여주는 세련되면서도 장식적인 이미지는 당시 프랑스를 지배하던 문화적 취향에 아

시누아즈리chinoiserie

18세기 유럽 각지의 상류사회에서는 미술과 건축 분야 등에서 이국적인 것에 대한 관심이 뜨거웠는데, 특히 프랑스에서는 시누아즈리가 대대적으로 유행했다. 시누아즈리는 '중국식' '중국풍'을 이르는 말로 17세기 후반에서 18세기 후반에 걸쳐 유럽의 가구나 도자기, 직물, 판화 등에 등장하면서 로코코 스타일에 풍부함을 더했다. 화가들 역시 장식적 모티프로 중국풍의 인물이나 정경을 따 넣는 형식을 시도했는데 그 중 대표적인 화가가 바토와 부셰다.

주 잘 들어맞았던 것이다.

그런데 프랑수아 부셰의 「점심 식사」에는 중국산 칠기 식탁과 그 위에 놓긴 도자기 그릇이, 벽 쪽 장식장에는 도자기 인형이 보인다. 왜 18세기 유럽의 그림에는 중국의 물건이 등장할까. 그들은 오래전부터 중국에 관심이 있었던 것일까. 아니면 일시적인 유행이었던 것일까?

동양 예술에 대한 프랑스의 열정

13세기 말, 비단길을 통해 중국에 도착한 이탈리아인 마르코 폴로는 『동방견문록』을 쓴다. 이 책에서 그는 항저우杭州를 세계에서 가장 부유한 도시라고 말하면서, 그곳 주민은 하루 일과가 끝나면 아내와 아이들을 데리고 큰 호숫가에서 하루의 피로를 푸는 등 부족한 것 없는 행복한 생활을 한다고 기술했다. 『동방견문록』은 동양에 대한, 특히 중국에 대한 동경을 불러일으켰고, 수많은 모험가와 선교사 들이 중국으로 몰려드는 계기가 됐다. 그 과장된 묘사 속에서 중국은 아름다운 꽃이 만발하고 모든 백성이 행복하게 생활하는 꿈의 나라로 여겨졌다.

1513년, 동양으로 가는 바닷길이 열리면서 유럽 각국의 상선이 중국으로 향했고 그들의 주요 교역 상품은 비단, 도자기, 찻잎이었다. 1600~80년 사이 네덜란드의 동인도회사가 유럽으로 수입한 중국 도자기만 해도 1,600만 점에 달했다. 이런 네덜란드 못지않게 중국 문화 예술에 대한 프랑스의 열정은 유럽에서 단연 최고였다. 18세기의 어느

마르코 폴로Marco Polo와 『동방견문록』

베네치아 공국 출신의 상인이었던 마르코 폴로가 1269년부터 17년 동안 세계를 여행하면서 보고 겪었던 사실들을 기록한 책이다. 아시아에 국한되지 않고 중동, 아프리카 등 여러 나라를 다루었다. 마르코 폴로가 직접 여행하지 않았던 곳의 이야기도 수록되어 있는데 이는 당시 마르코 폴로가 여행 중에 들은 이야기를 바탕으로 서술됐다고 추측된다.

마르코 폴로는 베네치아를 출발하여 지중해를 지나 콘스탄티노플, 이란을 거쳐 1271년 호르무즈 해협에 도착했으며 배를 타고 동방으로 이동하려던 계획을 포기하고 육로를 따라 이동했다. 1275년에 서아시아·중앙아시아를 거쳐 원나라의 상도上都에 이르러 쿠빌라이 칸을 알현했고 관직을 하사받았다. 또 중국의 여러 지역을 여행하면서 동방의 문물을 경험하게 됐으며 양저우揚州에 머물던 시기에는 관리로 임명되기도 했다.

일부 학자들은 마르코 폴로가 『동방견문록』을 쓰지 않았으며, 심지어 그가 동방을 방문하지 않았다는 주장도 제기하고 있다. 『동방견문록』은 내용 중 일부 과장된 면이 있기는 하지만 중국의 기록 등과 비교해보면 많은 부분이 사실과 일치한다. 특히 당시의 서아시아·중앙아시아·중국 등에 관한 기사가 풍부하고 정확하며, 거리와 동물, 식물 등을 관찰한 기록도 치밀하다. 이 책은 콜럼버스가 아메리카 대륙을 발견하는 계기가 되는 등 지리상의 발견에 큰 역할을 했다.

새해에는, 프랑스 왕실이 가장무도회를 열자 사람들은 모두 중국풍으로 꾸미고 연회에 참석했다. 당시 가장 유행하던 스타일이었기 때문이다. 또한 연극 무대에서는 프랑스인이 각색한 중국 이야기 「조씨고아趙氏孤兒」가 공연되기도 했다. 볼테르는 『철학 사전』에서 중국에 대해 이런 주해를 달았다. "유럽에서 어느 민족의 고대 문화도 중화제국과 견줄 수 없다." 당시 프랑스는 유럽의 유행과 예술의 중심이었기에 시누아즈리 또한 유럽 전체를 풍미하게 됐다.

동양과 서양의 열정적 만남

프랑스 귀족의 집에 중국산 도자기가 진열될 때, 자금성에서는 서양의 시계가 유럽의 선교사들에 의해 전해지면서 중국 황제의 침전을 장식하고 있었다. 자금성의 시계관에는 200개에 가까운 정교하고 아름다운 청대 궁전 시계가 진열되어 있다. 18세기 서양의 과학기술을 반영한 시계는 중국 황제가 가장 좋아하던 현대식 장난감이었다. 그것은 시간을 알려주는 기구이자 동시에 장식품이었고, 고급 장난감인 동시에 예술적 걸작이었다.

1583년, 이탈리아 선교사 마테오 리치가 광둥 성廣東省 자오칭肇慶에 가지고 들어온 세계지도 「여지산해전도輿地山海全圖」는 당시 중국인의 세계에 대한 인식을 뒤바꿔놓는다. 중국인이 몇천 년간 뿌리 깊게 믿어왔

청대에 황제의 침전을 장식했던 서양의 시계, 자금성

던 '천하'가 세계의 일부분에 불과하며, 중국이 세계의 중심이 결코 아니었음을 깨달은 것이다.

1688년 루이 14세는 프랑스 선교사 여섯 명을 중국에 파견했는데, 그들은 30여 개의 과학 기기와 서적을 들고 들어왔다. 강희제는 이 각별한 선물을 받고 그 자리에서 이들을 모두 궁에 들여 자신의 과학 고문으로 삼는다. 9년 후 강희제는 그중 한 명인 조아심 부베에게 300여 권의 한문 책을 하사하며 루이 14세에게 전하라 명한다. 부베는 프랑스로 돌아가 이 책들과 함께 자신이 저술한『강희제전康熙帝傳』을 루이 14세에게 헌상한다. 루이 14세도 화답의 뜻으로 즉시 부베에게 1만 프랑을 하사하며 강희제에게 전할 선물을 준비하라 명하고, 그에게 전할 우의 넘치는 친필 서신을 작성한다. 서신에서 루이 14세는 강희제를 가

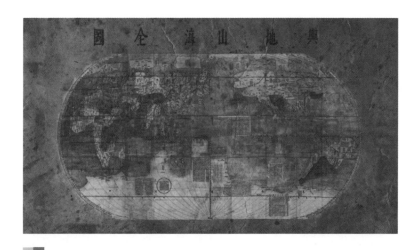
마테오 리치가 중국에 가져온 세계지도 「여지산해전도」
중화 중심의 세계 인식이 달라지는 계기가 됐다.

장 고귀하고 탁월하며 강대하고 고상한 제왕이라고 칭하면서 자신을 강희제의 "마음에서 우러나는, 친애하는, 진실한 친구"라고 덧붙였다. 그의 서신에는 중국을 이해하고 싶은 열정이 가득 담겨 있었다. 비록 편지는 부쳐지지 못하고 영원히 궁중 문서 속에 보관됐지만, 이 일화는 동서양의 열정적인 만남을 보여주는 증거로서 충분하다.

동서양 예술이 융합된 구원다의 의자

오늘날 중국에는 동양과 서양의 예술적 융합을 적극적으로 시도

9장. 동양과 서양의 대화

구원다의 「의자」. 반은 유럽식으로, 반은 중국식으로 만들어졌다.

벨기에 수도 브뤼셀에 전시된 구원다의 「차궁」
5,000여 개의 홍등으로 건물 전체를 에워쌌다.

하고 있는 구원다谷文達, 1955~라는 예술가가 있다. 현대 중국 예술의 선
봉에 선 대표적인 작가인 그는 스스로를 '양서동물'이라고 부른다. 그는
1년의 반을 상하이 예술특구 모간산 로莫干山路에 위치한 작업실에서 보
내고, 나머지 반은 미국에서 보낸다. 그가 제작한 「의자」를 보면 동서양
다문화를 바라보는 시각을 알 수 있다. 조금 이상하게 보이는 그 의자
는 반은 유럽식, 반은 중국식으로 만들어졌다(명대와 루이 15세 때의 예
술적 특징이 잘 융합되어 있다). 그리고 투명하게 처리된 의자 아래에는
텔레비전 브라운관이 설치되어 있어 현대 문화의 관점에서 동양과 서
양을 동시에 바라보는 느낌을 준다. 구원다는 "이 의자는 문화에 대한
생각을 보여준다. 이 의자에 앉으면 동서양 문화의 대비와 충돌을 생
각하게 될 것이다"라고 설명한다.

　2009년에 구원다는 벨기에 수도 브뤼셀에서 5,000여 개의 홍등으로

　9장. 동양과 서양의 대화

건물 전체를 에워싸는 대규모 전시회 〈차궁茶宮〉을 개최했다. 등롱燈籠은 중국인에게 매우 익숙한 물건이지만 중국을 떠나 서양의 한 도시에 놓이면서 그곳에 대화를 불러일으켰다.

구원다는 종종 자신의 머리에 중국화, 서양화, 중서 융합이라는 세 개의 긴고아『서유기』에 등장하는 손오공의 머리를 둘러싼 띠. 이를 통해 삼장법사의 통제를 받는다가 쓰여 있다고 말한다. 그는 이 세 가지 속박을 깨고 전혀 새로운 느낌의 작품을 창조해내고 싶어한다. "중국에 있을 때는, 스스로 중국인이라고 의식하지 않는다. 하지만 중국을 떠나면 아침에 눈 떠서 밤에 잠들 때까지 언제나 중국과 '대화'를 하는 느낌이다."

동서양 예술의 융합을 위한 새로운 화법

200여 년 전 구원다와 똑같이 서로 다른 문화 속에서 대화한 사람이 있었다. 바로 앞에서도 소개한 낭세녕(카스틸리오네)이다. 그가 중국 원명원에 머물며 남긴「동음사녀도桐蔭仕女圖」병풍은 유화 기법을 공부한 후 그린 것으로 현전하는 중국 최초의 유화 작품이다.

18세기 초, 건륭제는 낭세녕과 프랑스 선교사 장우인프랑스 이름 미셸 브누아Michel Benoist, 1715~74에게 특명을 내려 이곳에 서양식 건축물인 원명원을 건조하게 했다.

권근재倦勤齋는 자금성 영수궁寧壽宮 화원에 있는 화려하고 독특한

낭세녕의 「동음사녀도」(병풍 부분)
낭세녕이 유화 기법을 공부한 후 그린 것으로 현전하는 중국 최초의 유화 작품이다.

공간으로, 중국의 장식 기술이 절묘하게 어우러져 있다. 또한 서쪽 방
안에 네 곳에 걸쳐 그려진 170제곱미터의 통경화通景畫, 폭을 나누지 않고
이어 그린 대형 그림는 바로 낭세녕이 유럽 성당의 프레스코화 기법과 파노
라마 형식(파노라마 촬영처럼 넓은 풍경을 이어서 그리는 것)을 참고해 제
작한 것이다.

　　낭세녕이 중국 황실 화원에서 서양 유화 기법과 중국 수묵 기법의
융합을 시도하고 있을 때, 프랑스 최고의 궁정화가 부셰 역시 작품에
중국풍을 가미하면서 또 다른 중서 융합을 시도하고 있었다.

　　1742년 프랑수아 부셰는 살롱전에 중국을 소재로 한 연작 「중국 황
제의 조회」「중국 시장」「중국의 정원」「중국의 낚시 풍경」 등 8점을 전

낭세녕이 통경화를 그려 넣은 권근재(위)와 그가 건축에 참여하고 그림으로 남긴 원명원(아래)의 모습

부셰의 중국을 소재로 한 연작 중 「중국의 낚시 풍경」(위)과 「중국의 사냥 풍경」(아래),
1742년, 브장송 미술관
이 그림의 종려나무는 당시에도, 현재도 중국에서 흔히 볼 수 있는 나무가 아니다.

「옹정행락도」(부분)에서 사냥하는 유럽 귀족의 모습으로 등장하는 옹정제

시해 커다란 반향을 일으켰다(이 작품들로 태피스트리를 만들자 귀족들이 앞다투어 사들일 정도였다).

그런데 부셰의 중국풍 작품을 보노라면 그가 그린 중국의 모습이 어딘가 부자연스럽다는 인상을 받게 된다. 비록 보이는 것은 차를 마시고, 공연을 하며, 배를 젓고, 낚시를 하는 등 가장 전형적인 중국 풍경이고, 우산같이 중국인이 애용하는 물건을 묘사했지만, 배경의 종려나무는 중국에서 흔히 볼 수 없을 뿐 아니라 중국화에서는 거의 그려지지 않는 나무다. 또한 그림 속 인물을 보면 생김새가 특이해 마치 혼혈인을 보는 듯하고, 그들의 의상과 장식조차 진짜 중국의 모습과는 차이가 난다. 부셰가 그린 중국풍은 어디에서 온 것일까?

한편 부셰가 중국을 마치 꿈속의 정경처럼 묘사할 때, 중국 황제 역시 화공에게 자신의 모습을 산에서 호랑이를 사냥하는 유럽 귀족으로 묘사하게 했다. 「옹정행락도雍正行樂圖」라는 연작에서 옹정은 어느 순간 손에 활을 든 페르시아 무사였다가 또 어느 순간에는 원숭이에게 복숭

아를 주는 돌궐 왕자가 된다. 어느 순간에는 신룡을 부리는 도교의 법사였다가, 다시 어느 순간에는 강변에서 백일몽을 꾸는 어부가 되기도 한다. 이 황제는 마치 1인 가장무도회를 하듯 끊임없이 의상을 바꿔가며 각국의 인물을 연기하고 있다.

로코코 화가가 동경한 환상의 낙원

부셰가 살던 시대는 미술 양식이 바로크에서 로코코 양식으로 변화하던 시대였다. 바로크 예술에서는 종교적 소재가 주도적 위치를 차지했지만 루이 14세 시대에 이르면서 이런 장엄한 양식은 당시 궁정 사회가 추구하던 생활 정취와 맞지 않게 됐다. 이런 분위기는 한때 최고의 권력을 누렸던 퐁파두르 후작부인 때에 이르러 최고조에 다다랐다. 그녀는 루이 15세의 수많은 정부 중 가장 유명한 여인으로 '로코코의 어머니'라 불린다. 당시 그녀가 좋아하던 빵과 요리, 마차 모양, 부채 디자인, 화장품은 무엇이든 다 최고의 유행이 됐다.

퐁파두르 후작부인이 이끄는 로코코의 바람 속에서 부셰는 재빨리 종교적 엄숙함과 장엄함을 벗어 던지고, 그림 주제를 '애정'으로 국한한다. 그래서 부셰의 그림 속에서는 여신도 연애를 하고, 아름다운 요리사는 남자와 희롱하며, 양치기마저 방목을 하는 대신 이성을 좇아다닌다. 그림 속 인물들은 대개 비스듬한 자세로 있고, 그들의 사랑에는 그

부셰의 「퐁파두르 후작부인」, 1756년, 뮌헨 알테 피나코테크

바토의 「키테라 섬의 순례」, 1717~79년

어떤 무거움이나 근심도 없다. 부셰는 헤라클레스와 옴팔레의 키스, 마르스와 비너스의 포옹, 여신의 목욕, 미인의 치장 등을 생생하게 묘사해 행복과 아름다움, 그리고 사랑으로 가득한 세계를 보여준다. 그의 그림 속 배경은 언제나 우아하고 정교하며, 인물의 표정도 거의 비슷하다. 하지만 시선을 연애하는 남녀에 맞춘 것은 부셰가 처음이 아니었다. 처음 물꼬를 튼 화가는 로코코 양식의 선구자 장 앙투안 바토였다. 「키테라 섬의 순례」는 바토의 대표작이다.

이 그림은 이상적인 풍경으로서 키테라 섬의 풍경을 묘사하고 있다. 키테라 섬은 비너스가 사는 그리스의 작은 섬으로, 당시 유행하던 '키테라 섬에 가다'라는 말은 '섹스하다'라는 의미였다. 언덕 위 세 쌍의 남녀는 각각 사랑의 3단계, 즉 프러포즈, 승낙, 망설임을 표현하고, 언덕 아래 열애에 빠진 남녀는 벌써 신바람이 나서 키테라 섬으로 향하고 있다. 섬에 있는 사람들은 궁중 무도회에 가듯 화려한 옷차림으로, 보통 사람이 아니라 잘 훈련된 연기자같이 다양한 포즈로 꿈속으로 걸어 들어가는 듯하다. 이러한 낙원은 어디에 있는 것인가? 어쩌면 가 본 적도 없는 곳이기에 아름다운 것이 아닐까? 이런 분위기 가운데 이국적인 풍경은 사람들의 마음속에 동경을 불러일으켰고 바토와 부셰, 그리고 더 많은 로코코 화가의 시선은 중국으로 향하게 된다.

오해, 충돌, 반성, 그리고 재인식

　다시 부셰의 그림으로 돌아가보자. 그림 속에서 중국인 남자는 모두 풍채가 늠름하고 여자는 하나같이 고혹적이다. 이런 우아한 포즈는 어디선가 본 듯하지 않은가? 수많은 학자가 지적한 바와 같이 부셰가 묘사한 것은 중국이라기보다 차라리 루이 15세의 궁전 풍경에 가깝다 할 것이며, 그림 속 남녀는 중국인 분장을 한 프랑스의 관료와 귀족 부인이라 할 수 있을 것이다. 그들은 허영과 사치에 취해 '우아'와 '탐미'를 극한까지 추구했다.

　부셰는 평생 중국에 가보지 못했지만, 많은 중국 수입품과 선교사가 출판한 책들의 삽화에서 창작의 영감을 얻었다. 이런 지식을 버무려 그가 상상해낸 중국은 실제 모습과는 닮은 듯 닮지 않은 듯한 모습이었다. 그의 그림에는 종려나무와 파인애플형 건물이 자주 보인다. 유럽 문화에서 종려나무는 항해와 먼 장소를 상징한다. 그래서 그들에게 요원하고 낭만적인 나라, 중국을 그린 그림에 종려나무가 가득한 것이다. 파인애플형 건축도 탑과 닮았지만 꼭 같지는 않다. 유럽인은 중국의 탑을 파인애플 모양으로 잘못 알고 있었기에 건축물도 그렇게 그린 것이다. 이러한 오해는 18세기 시누아즈리의 전형적인 특징이다.

　동서양이 소통하는 데에는 먼 거리와 위험한 항로, 극소수 대변인만의 교류 등 갖가지 제한이 있었지만 그보다 큰 장애는 동양을 바라보는 서양인들의 서구 중심적 시각이었다. 이것은 오해, 충돌, 반성, 그리고

■■■■

부셰의 그림 속에 등장하는 종려나무와 파인애플형 건물

유럽 문화에서 종려나무는 항해와 먼 장소를 상징한다. 건축물을 파인애플형으로 그린 것은 유럽인의 탑에 대한 오해 탓이다.

구원다의 「비림–당시후저」
이 시가의 번역은 서로 다른 문화의 충돌과 그에 따른 오해를 상징한다.

재인식의 과정이었으며 이 과정은 300년이 지난 오늘날까지 계속되고 있다.

중국 작가 구원다는 그의 작품 「비림碑林–당시후저唐詩后著」를 통해 중서 문화의 오해를 표현하고자 시도했다. 구원다는 미국의 동양학 교과서에 당시唐詩가 번역되어 있지만, 본래의 발음과 음률이 사라진 것을 보고 한 가지 아이디어가 떠올랐다고 한다.

"그때 내가 본 것은 당시의 번역서였는데, 실제로 미국에서 동양학을 연구하는 교과서로 쓰이는 책이었다. 그 책은 모든 당시를 번역해놓았지만, 번역된 당시는 시 본연의 음률과 상징이 사라진 백화문白話文. 구어체로 쓴 중국의 글으로 변해 있었다. 물론 당시는 번역이 힘든 면이 있

9장. 동양과 서양의 대화

프라고나르의 「빗장」, 1774~78년, 루브르 박물관
빛이 두 인물과 빗장 주위를 환하게 비추고 있다. 명암의 강렬한 표현으로 로코코 특유의 관능
적 느낌을 잘 살렸다.

다. 나는 번역 과정에서 생긴 이런 문제를 어떻게 창작의 원천으로 삼을 수 있을까 고민했다. 중국어로 된 당시를 영어로 옮긴 첫 번째 번역이 음률이 사라진 번역이었기 때문에 이걸 다시 중국어로 옮기는 두 번째 번역에서 운율이 다시 살아나도록 하면 어떻게 될까 실험해보고 싶었다. 나는 이러한 번역 과정을 통해 원래의 시와는 다른, 독특한 현대 시가를 창작할 수 있지 않을까 생각했다."

구원다가 창작한 대작 「비림—당시후저」에는 중국 고대 시가와 3개의 번역 전환 후의 판본이 새겨져 있다. 전환 과정을 거치며 읽기 좋고 듣기 좋던 중국 고시는 내용이 난해하고 심지어 황당무계한 시가로 변해버렸다. 이 시가의 번역은 서로 다른 문화의 충돌과 그에 따른 오해를 상징한다. 그런 오해가 재창조를 낳고, 자신의 문화를 재인식하게 한다. 18세기 부셰이든 오늘을 살고 있는 구원다든 그들의 작품에서는 모두 문화 사이의 오해가 낳은 독특한 효과를 볼 수 있다.

부셰의 제자 프라고나르가 그린 「빗장」은 로코코의 화려함과 아름다움의 정점을 보여준다. 하지만 탐닉은 제국의 멸망 전 최후의 꿈처럼 결국 파멸로 끝난다. 1789년 프랑스대혁명의 발발로 로코코가 조용히 역사의 무대 뒤편으로 사라지게 됐고 시누아즈리 또한 점차 수그러들었다. 그로부터 70여 년 뒤 1860년 영국·프랑스 연합군이 베이징을 공격한다. 열정적이었던 교류는 우호적인 교류로 시작해 냉혹한 전쟁으로 끝을 맺었다.

10 / 전통의 재건.

푸생의 고전주의
Vs.
조맹부의 당송 계승

18세기 프랑스와 중국의 몇몇 젊은 예술가들은 전통의 토대 위에서 새로운 예술을 창조할 수 있다고 굳게 믿었다. 프랑스에서는 푸생이 고대 그리스와 로마의 정신을 이어받아 유럽의 고전주의 회화를 부활시켰고, 중국에서는 조맹부가 당대와 송대의 서화 전통을 새롭게 살려내 동양의 고전 예술을 부흥시키려 노력했다. 두 예술가가 루브르 박물관과 고궁박물원에 남긴 예술작품들을 통해 그들이 시도했던 새로운 탐색을 함께 따라가본다.

프랑스 역사상, 세 명의 젊은이가 파리에서 이탈리아로 넘어와 로마 유적에서 영감을 받았다. 바로 푸생과 다비드, 앵그르다. 그들의 노력이 있었기에 유럽의 고전 예술은 다시 한 번 빛날 수 있었다. 한편 고전 예술의 부흥이라는 이상을 가슴에 품은 원나라의 조맹부는 송나라 서화와 진대晉代 서예를 거듭 모사한다. 수년 후 그를 따랐던 명나라의 동기창은 마침내 문화복고 운동을 절정으로 끌어올린다. 세월이 흘러 이탈리아인 낭세녕이 바다를 건너 중국 자금성에 도착하면서 중국인들은 그의 붓을 통해 서양회화에서 입체감을 보게 된다. 이 동서양 예술가들은 자신들의 전통을 바탕으로 새로운 예술을 창조할 수 있다고 믿었다.

푸생, 고대 예술을 계승하다

루브르 박물관에 진열된 17세기 후반 프랑스 회화의 대다수는 푸생의 영향을 받았다. 푸생의 그림 스타일은 고대 그리스와 로마에서 온 것이다.

푸생이 살던 시대에 로마와 피렌체는 유럽 예술의 중심지로, 각국 예술가들이 그랜드투어17세기 중반~19세기 초반 유럽 귀족의 자제들 사이에서 유행한 여행. 주로 고대 그리스 로마의 유적지 등 르네상스를 꽃피운 이탈리아 등지를 여행하며 교양을 쌓았다를 통해 이곳을 찾아와 전설적 화가의 작품을 익히고 숭배했다. 이곳에서 그들은 조화와 균형을 자랑하는 고대 그리스, 로마시대의 조소와 회화를 만날 수 있었다. 푸생 역시 이 대열의 일원으로 그는 고대의 찬란한 예술을 자신의 그림 속에 담고 싶어했다. 푸생의 작품들 속에서 그가 받아들인 고대 전통을 찾아보자.

「사비니 여인들의 납치」는 5장에서도 소개했듯이 로마 병사들이 사비니 부족의 여자들을 납치한 약탈혼 이야기를 바탕으로 그린 역사화다. 당시 푸생보다 더 명성이 높았던 화가 루벤스 역시 약탈혼을 소재로 삼아 그림을 그렸다. 이 신화는 제우스의 아들 둘이 메세네의 왕 레우키포스 왕의 두 딸을 납치해 자신들의 아내로 삼는다는 내용이다. 「레우키포스 딸들의 납치」(251쪽 참고)에서 루벤스는 격한 감정이 거칠게 분출되는 순간을 표현했다. 그의 붓으로 그려진 육감적인 여인은 한 번 보면 절대 잊을 수 없을 만큼 매력적이다. 드라마틱한 스토리를 강렬한 움직임과 화려한 색채로 표현했다.

푸생은 이와 정반대였다. 그는 고대 그리스와 르네상스 시기의 균형
감이 살아 있는 회화에 심취해 있었다. 그림의 소재를 로마사 학자에게
서 찾았으며, 건축물은 고대 로마 건축에 대해 자세히 연구한 후 그렸다.
인물의 형상 역시 고대 로마 박물관의 그리스 조각과 도기화에서 그 원
형을 찾았다. 또한 푸생은 그림의 구도를 중시했다. 이 그림(250쪽 참고)

푸생Nicolas Poussin, 1594~1665년

프랑스의 역사화가·풍경화가. 1621년 뤽
상부르 궁宮을 장식하는 일에 고용된 덕분
에 왕궁에 소장된 라파엘로의 작품을 접하
게 되면서 더욱 이탈리아 문화를 동경하게
됐다. 1624년 로마로 가서 당시 유행하던
카라치파의 작풍을 배웠고 베네치아파에서
도 영향을 받아 라파엘로 등 르네상스 시
대 회화에 심취했다. 1628년 성베드로 대성
당 제단화를 그릴 무렵부터 명성이 높아져,
1639년 프랑스의 루이 13세에게 수석 화가
로 초빙됐다. 그러나 파리의 화가들과 잘 맞
지 않아, 1642년 다시 로마로 돌아와 죽을 때까지 그곳에 머물렀다. 상상의 고대 로
마 풍경을 배경으로 균형과 비례가 정확한 고전적 인물을 등장시키는 것이 그의 회
화에 나타나는 특징이다. 대표 작품에 「예루살렘의 파괴」 「아르카디아의 목동들」 등
이 있으며 '프랑스의 라파엘로'라 불린다. 루브르 박물관 천장에 프랑스의 역사가 네
시기로 나뉘어 당대 가장 유명했던 예술가가 그려져 있는데, 그중 푸생도 있다.

10장. 전통의 재건

푸생의 「사비니 여인들의 납치」, 1634~35년

루벤스의 「레우키포스 딸들의 납치」, 1618년, 뮌헨 알테피나코테크
균형감이 살아 있는 푸생의 작품에 비해 루벤스의 그림은 드라마틱하고 화려하다.

에서도 로물루스(왼쪽 위 신전에 올라간 인물)의 붉은 망토가 오른쪽 아래에 위치한 또 다른 인물의 붉은 망토와 호응한다. 왼쪽의 백마와 오른쪽의 백마 역시 마찬가지로 서로 짝을 이룬다. 이 그림은 비록 폭력과 약탈을 소재로 하지만 화가는 충돌과 공포, 분노를 과장되게 묘사하기보다 엄숙하게 표현하려 했다. 인물은 새겨놓은 듯 굳어 있고, 여인들의 대리석 같은 흰 피부와 전사들의 구릿빛 근육이 선명한 대조를 이루고 있다.

조맹부, 고전으로 돌아가 새로운 부흥을 꿈꾸다

베이징 고궁박물원에는 조맹부가 대나무 숲과 인물의 풍경을 청록색으로 채색한 세밀화가 소장되어 있다. 산비탈과 시냇물, 대나무 숲

조맹부趙孟頫, 1254~1322년

원대의 관료, 서화가. 자는 자앙子昻, 호는 송설도인松雪道人. 중국 강남江南의 후저우湖州. 예부터 예술의 전통이 깊은 곳으로, 진대 서예가 왕희지와 왕헌지, 당대 서예가 안진경, 송대의 문호 소동파가 모두 이곳에서 관직을 지냈다에서 태어났다. 송 태조 넷째 아들 진왕 덕방의 자손으로 태조의 11대 자손이다. 시문은 서화와 함께 원대의 제1인자로 일컬어졌다. 왕희지로의 복귀에 힘써서 그 서풍書風은 이후의 시대 및 한국, 일본에까지 영향을 끼쳤다. 그림에 있어서는 당, 북송화풍을 모범으로 하는 복고주의를 따라 원대 산수화의 전형을 확립했다. 대표작에 「작화추색도권」「강촌어락도」 등이 있고, 문집으로는 『송설재문집』이 있다.

조맹부의, 「자화상」(부분)

에 서 있는 백의장삼을 걸친 중년 남자의 풍모가 자연스럽고 기품 있다. 조맹부는 높은 벼슬을 지낸 관료인데 왜 자신을 시골의 은사隱士로 묘사한 것일까?

13세기 중국 최대의 역사적 사건은 송나라가 몽고에 멸망한 것이었다. 강남의 수많은 문인은 자신을 멸망한 송나라의 유민으로 생각하며 몽고 통치자에게 협력하지 않았다. 조맹부의 신분은 더욱 복잡했다. 그는 송나라 황실의 종신宗臣이면서도 원나라 조정의 소환에 응해 관리가 됐다. 이 결정으로 그는 당시 문인들의 멸시를 받았고, 그것은 조맹부 평생의 응어리로 남게 된다.

그러나 관직에 있던 덕분에 조맹부는 북쪽 지방에 유통되던 진·당과 북송 서화의 진본을 만나는 기회를 얻을 수 있었다. 그는 고대 예술

10장. 전통의 재건

왕희지가 쓴 행서첩 「난정서」
조맹부는 매일 이 책을 거듭 모사해 전통을 진작시키려 했다.

전통을 다시 진작시키겠다는 꿈을 안고 고대 작품을 중시하며 감상했다. 그가 모사한 것은 중국 서예 경전 중 하나인 「난정서蘭亭序」였다. 그는 매일 이 책을 모사했다는데 이는 고전으로 돌아가 다시 앞으로 나아가겠다는 것을 의미한다.

조맹부는 고전을 공부하며 원나라 회화에 복고의 기치를 내걸었다. 반면 푸생은 고대 그리스·로마의 고전미를 숭상하며 프랑스 고전주의 회화에 불씨를 지폈다. 조맹부는 중국 문인화의 종사宗師로 추앙받는 인물이고 푸생은 프랑스 회화의 아버지라 불리는 사람이다. 그들은 전통 속에서 무엇을 본 것일까.

「아르카디아의 목동들」, 죽음을 바라보는 화가의 시선

화가들은 그림을 그릴 때 배치에 많은 신경을 쓴다. 그림에 서른 명을 그려 넣어도 배치를 잘하면 100명이 있는 것 같은 풍성한 효과를 낸다. '주요 인물과 부차적 인물, 그리고 배경의 인물, 이렇게 많은 인물은 배경과 어떤 관계를 맺고 있는가?' 이것은 화가들에게 가장 어려운 문제이자, 가장 중요한 문제이기도 하다. 그런 점에서 푸생은 후대의 많은 화가들에게 경전이 될 만한 작품들을 남겨주었다. 그는 장중한 장면을 정돈되게 연출하는 배치에 관해 전례를 남겼다. 배치 외에도 푸생의 고전주의 회화 기법은 매우 신선한 것이었다. 고전주의 회화의 흐름은 지중해에서 불어온 바닷바람처럼 빠른 속도로 유럽을 휩쓸어 몇백 년간 화단에 영향을 미칠 정도였다.

루브르 박물관에 있는 푸생의 「아르카디아의 목동들」은 세상 사람들에게 화가의 철학적 사고를 보여준다. 아르카디아는 고대 유럽인들의 마음속 유토피아였다. 화면 속에서 우리는 세 명의 젊고 생명력 넘치는 목동과 한 여자를 볼 수 있다. 그들은 무덤 앞에 둘러 앉아 있는데 그들의 눈빛이 닿는 곳에는 비석이 세워져 있다. 비석 위에는 '아르카디아에도 나는 있다'라는 글이 새겨져 있다. 이 문장에 대한 해석은 여러 가지이지만 한 가지 견해만은 공통적이다. 바로 '설령 인간 세상에서 가장 행복한 곳이라도 죽음을 피할 수 없고 모든 것에는 끝이 있다'라는 것이다. 즉, 영원한 행복은 없다는 것이다.

10장. 전통의 재건

푸생의 「아르카디아의 목동들」, 1637~39년

17세기 프랑스에서 푸생은 예술가들의 모범이었다. 그들은 그저 장인으로 보이기를 원하지 않았으며 "시인이 시가와 희극을 통해 표현하듯, 화가 역시 그림을 통해 내면을 표현할 수 있다"라고 말했다. 르네상스 이래 화가들은 인간 본성에 대한 자각과 탐구를 바탕으로, 이를 표현하는 지식인으로 자리매김되기 시작했다.

붓과 먹의 변화로 표현한 사의

중국 원·명의 화가와 프랑스 화가를 비교하려 할 때 가장 적합한 인물은 푸생일 것이다. 그는 전통과 고전에 대해 늘 경의를 품고 있었기 때문이다. 중국 원대의 화가들은 자신의 그림이 당과 송의 그림을 추종한다는 것을 공개적으로 밝혔다. 그들은 고전을 좋아하고, 복원하며, 모사하고, 본받는 것을 회화와 서법을 배우는 중요한 과정으로 여겼다. 조맹부의 「작화추색도鵲華秋色圖」는 바로 선조의 그림을 본보기로 한 작품이다. 그림의 왼쪽에는 명대 후기 서예가 동기창의 발문이 쓰여 있다. '오흥차도, 겸우승북원이가화법吳興此圖, 兼右丞北苑二家畫法' 조맹부의 이 그림이 당나라 왕유와 북송화가 동원董源을 모방했다는 뜻이다.

「작화추색도」는 광활한 습지와 강, 산맥을 그린 그림으로, 왼쪽이 작산鵲山, 오른쪽이 화불주산華不注山, 지금의 화산華山 산이다. 산 사이에 많은 나무가 드문드문 퍼져 있는데 백양나무, 치송稚松이 있고 나무 사이

조맹부의 「작화추색도」, 원나라

이 그림은 작산과 화산 산 일대의 풍경을 바탕으로 하면서도 중국인이 상상하던 세외도원世外
桃源을 잘 보여준다.

에는 봉미초가 자라고 있다. 나무 중에는 나뭇잎이 벌써 떨어진 것도 있고, 붉고 노란 나뭇잎이 섞여 있어 그림 속 계절이 가을임을 알 수 있다. 자생하는 갈대와 강가의 작은 배, 배 위에서는 고기 잡는 노인이 조용히 서 있다. 실로 평온한 장면이다. 마을 사람들은 눈앞의 아름다운 풍경을 전혀 알아차리지 못하고 일에만 몰두한다. 이것은 그야말로 고대 중국인이 상상하던 세외도원世外桃源인 것이다.

청나라 건륭제는 「작화추색도」를 매우 좋아했다. 전해 내려오는 이야기에 따르면 그는 그림 속 작산과 화불주산을 직접 찾아가보았다는데, 실제로는 이 두 산의 거리가 매우 멀어 그림처럼 가깝게 붙어 있지 않다는 것을 알게 됐다고 한다.

그림을 자세히 살펴보면 작산과 화불주산은 짙은 남색이고 강 중간의 작은 섬은 옅은 남색이며 물가 모래섬과 나뭇잎은 남색으로 칠해 끊임없는 변화를 주었다. 지붕에 보이는 선홍색 따뜻한 색감이 점차 나뭇잎과 나뭇가지로 퍼지고 퍼져 강 중간의 작은 섬으로 흘러들어간다. 그림의 나무는 관목이 많은데, 이는 북송 화가인 동원의 전통을 직접적으로 추종하고 있는 것이다.

동원의 그림들에서는 「작화추색도」와 똑같은 풍경과 배치가 자주 등장한다. 호수와 산이 어우러진 아름다운 강남의 풍광을 운무가 뒤덮고 있다. 왕유가 그린 「망천도」에서 보이는 인물과 산, 집 역시 「작화추색도」와 같은 특징을 보인다.

조맹부는 자연을 세밀하게 묘사하는 데 그다지 신경 쓰지 않았다. 그가 고민한 것은 산수와 초목을 표현할 때 붓과 먹의 변화였다. 조맹

부는 "그림을 그리는 데에는 옛 의미가 중요하다. 만약 고의古意가 없다면 그려도 무익할 뿐이다"라고 말했다. 이 말에는 그가 줄곧 제창했던 문화 복고운동의 진리가 담겨 있다. 조맹부가 강조한 고의는 사실상 북송 회화가 강조한 '정교함'과 반대되는 의미다.

북송 휘종의 「부용금계도芙蓉錦鷄圖」는 정교하게 그려졌지만, 색채가 번잡하다. 하지만 조맹부의 북송 휘종의 「유황대승도幽篁戴胜圖」는 똑같이 새를 그렸지만 훨씬 더 간결해 고아한 정취가 느껴진다.

10장. 전통의 재건

북송 휘종의 「부용금계도」(왼쪽)와 조맹부의 「유황대승도」(위)

「부용금계도」는 색채가 매우 번잡한 데 반해 「유황대승도」는 훨씬 더 간결해 고아한 정취가 느껴진다.

다비드, 앵그르로 이어진 신고전주의

푸생은 프랑스에서 태어났지만 오랜 기간 이탈리아에서 머문 덕분에 이탈리아 회화와 프랑스 회화의 다리가 됐다.

100여 년 후 프랑스 청년 자크 루이 다비드는 프랑스 왕립 아카데미에서 공부를 하며 푸생에게 깊은 영향을 받는다. 다비드는 로마 장학금을 받아 푸생이 그랬던 것처럼 파리에서 로마로 고대의 경전을 찾아 떠난다. 후에 다비드는 「사비니 여인들의 중재」(122쪽 참고)를 그리는데, 이는 푸생이 그렸던 「사비니 여인들의 납치」와 그림 소재가 같다. 이러한 드라마틱한 장면은 사람을 감동시키는 강력한 힘을 가지고 있다. 하지만 다비드가 더욱 관심을 가진 것은 이 위대한 순간을 그대로 기록하는 것이었다. 이 그림 속 인물들은 놀랍게도 조각상처럼 느껴져 고대 로마 영웅의 조각을 보는 듯한 착각이 들게 할 정도다.

푸생 학파에서 나온 또 다른 대표적 고전주의 화가로 앵그르가 있다. 그 역시 로마 장학금을 받아 로마로 갔다. 앵그르가 가장 매혹됐던 것은 르네상스 시기의 화가 라파엘로였다.

앵그르의 「루이 13세의 성모에의 서약」은 바로 라파엘로의 「시스티나 성모」를 모방해 그린 것이다. 당시 일부 평론가들은 이런 모방에 대해 아무런 의미가 없다고 평가했는데, 이에 대해 앵그르는 이렇게 얘기했다. "라파엘로를 숭배해서 원숭이 짓을 했다고 생각하지 마라. 유명한 화가들 중 이전 시대 화가의 그림을 모방하지 않은 사람이 있는가? 무에서는

앵그르의 「루이 13세의 성모에의 서약」, 1824년
성모마리아에게 프랑스 왕실의 수호를 부탁하는 루이 13세의 모습을 그렸다. 구름 위의
마리아는 라파엘로의 「시스티나 성모」를 모방한 것이다. 앵그르는 고전주의 화파의 계
승자였다.

라파엘로의 「시스티나 성모」, 1513~14년, 드레스덴 미술관

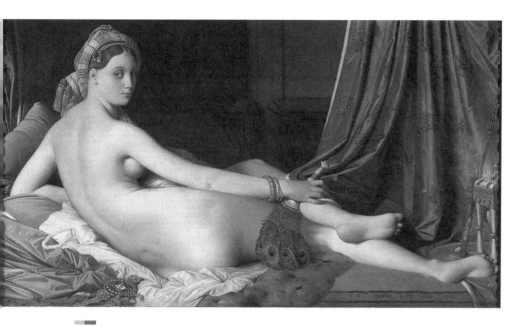

앵그르의 「그랑드 오달리스크」, 1814년
인체의 아름다운 선을 극대화하기 위해 등선을 교묘하게 과장한 이 작품은 조형상 혁신을 낳았
다는 평가를 얻고 있다.

새로운 것을 창조할 수 없다."

「그랑드 오달리스크」는 그의 실험적 작품이다. 당시 사람들은 이 그
림 속 인물의 인체 비율이 균형이 맞지 않는다고 질책하며 등 쪽에 최
소한 세 개의 척추골이 더 들어갔다고 말했다. 마찬가지로 「샘」속 미
녀의 몸통 비율도 보통의 몸과 다르다. 하지만 앵그르는 "이러한 비율
이 내가 생각하는 고전의 우아함에 부합한다"라고 말했다. 후세 사람
들은 다비드와 앵그르를 푸생의 고전주의 회화를 잇는 신고전주의 화

10장. 전통의 재건

가들로 불렀다.

조맹부의 복고운동을
계승하는 문인화

조맹부는 푸생이 고전주의의 거장으로 추종받은 것과 달리 몇 가지 문제가 있었다. 하나는 그가 전 왕조를 저버렸다는 점이고, 또 다른 하나는 다른 민족의 통치 아래 모든 전통적 가치가 뒤집힌 시대를 살았다는 점이다. 조맹부는 다음과 같은 시로 자신의 심경을 표현했다.

재산위원지在山爲遠志, 출산위소초出山爲小草

산에 있을 때는 큰 뜻을 품었는데, 산을 나오고 보니 작고 약한 풀이 됐네

고어기운연古語已云然, 견사약불조見事若不早

옛말은 이미 그러한데 일을 보아하니 이르지 않은 것 같네

평생독왕원平生獨往願, 구학기회포丘壑寄懷抱

평생 홀로 가길 바라노니 언덕과 구릉에 지난 회포를 기탁하노라

이러한 정서는 「수촌도水村圖」에서도 은근히 드러난다. 조맹부를 비

조맹부의 「수촌도」, 원나라

롯한 수많은 문인과 지식인 예술가들은 원의 지배 아래에서 출구를 찾아야 했다. 그 출구는 안전한 동시에 고통을 잊고 살아갈 수 있게 해주며, 창작을 이어가게 하는 것이어야 했다. 출사를 하거나, 혹은 은거해 학문을 탐구하는 것이 한 방법이었다.

원에 흡수된 송대 지식인들은 조맹부의 복고주의 인도 아래에서 깨달은 것을 작품에 구현했다. 조맹부의 그림은 북송 이래 점차 시들어가던 고풍에 전기를 맞게 하고, 화려하고 세밀한 화풍을 소박하고 자연스러운 문인화풍으로 바꾸어놓았다. 시가 면에서 그는 슬픈 정서의 송사宋詞를 버리고, 한·진과 당대唐代의 시가 형식을 모방했다. 서체 면에서는 왕희지체를 본받아 '조체趙体'라 불리는 자신만의 독특한 서체를 만들었는데, 이것은 오늘날까지 서예 모사의 모델이 되고 있다. 이렇듯 조

10장. 전통의 재건

맹부가 제창한 복고는 당시 예술 형식의 각 분야에 영향을 미쳤다. 중
국 문인화는 조맹부에서 시작해 동기창에 이르며 절정기를 맞는다.

동서양 예술의
상통과 배척

중국의 유화 작가 천단칭陳丹靑, 1953~은 서양 세계에서 예술과 인
생을 탐색하고 있다. 유럽의 박물관들에서 천단칭은 서양 최고의 고전
예술—레오나르도 다빈치, 미켈란젤로, 라파엘로는 물론 렘브란트와
푸생—을 만났다. 또 서양의 예술뿐 아니라 뜻밖에 중국 회화의 전통
도 만났다. 천단칭이 처음 외국 박물관에서 본 중국의 옛그림에는 조맹

동기창董其昌, 1555~1636년

중국 명나라 말기의 문인, 화가이자 서예가. 하급 관리
의 집안에서 태어났으나 진사시험에 합격하며 빠르게
출세했다. 서예의 대가로 정평이 났으며, 화론가로서
도 상당한 영향력을 미쳤다. 그는 중국 산수화를 남종
화와 북종화로 분류하고, 남종화가 북종화보다 더 정
통이라는 '상남폄북론尙南貶北論'을 주창했다. 추상에
가까운 공간 배치에 대담하고 느슨한 붓놀림으로 자
연스러운 형태를 표현했고 묽은 색채로 구도를 부드
럽게 통일시켰다.

부의 작품도 있었다. 천단칭은 조맹부와 푸생이 고대의 작품을 통해 길을 찾았듯 자신 또한 이들의 작품을 통해 길을 찾았음을 깨달았다.

푸생, 다비드, 앵그르는 고대를 모방했고, 조맹부와 동기창은 고대 경전을 모사했다. 그들은 전통 속에서 문화를 혁신한 인류의 축소판이었다. 흥미롭게도 '혁신하다'라는 뜻의 영어 단어 'innovate'의 라틴어 어원에는 '과거의 자원을 이용해 새로운 가능성을 찾다' 혹은 '고대 그리스 로마의 분위기로 돌아가다'라는 뜻이 있다. 이 과정에서 우리는 지혜와 새로운 상상력, 표현력을 만나는데 이것을 바로 혁신이라고 할 수 있을 것이다.

천단칭은 조맹부와 동기창의 그림도, 푸생·다비드·앵그르의 그림도 모두 만나보았다. 한쪽은 고대 그리스·로마·르네상스·고전주의의 흐름에 놓인 예술이고, 또 다른 한쪽은 진·당·송·원·명·청의 수묵 정신을 보여주는 그림이다. 그렇다면 '이 두 가지 서로 다른 회화 전통은 상통하는가?'라는 질문을 해본다. 천단칭의 대답은 이렇다.

"예술은 단순히 비교할 수 있는 것이 아니다. 유화 옆에 조맹부의 그림이 놓인다면, 또 산수화 옆에 푸생의 그림이 놓인다면 어떤 얘기를 할 수 있을까. 이 둘은 체계가 다르다. 최고의 경지에서는 그 둘이 상통한다고 말할 수도 있을지 모르지만 완벽한 경지에 이른 예술은 어느 것에 비할 수 없이 독자적이다. 또한 완벽하게 구축된 하나의 문화 또한 다른 문화와 구별되는 독자성을 갖는다."

　　　　　　　　　　　　　　　10장. 전통의 재건

11 / 낭만주의의 탄생

들라크루아
Vs.
서위

들라크루아는 맹수와 죽음 그리고 학살 등의 소재를 통해 자신의 열정을 표현했다. 중국 명대의 화가 서위는 과감히 색채를 버리고 오직 먹과 물만을 이용해 그림을 그렸지만, 붓끝에는 자유분방함이 살아 있었다. 이 두 예술가는 낭만주의 회화에 있어 각각 프랑스와 중국의 대표 주자로 손꼽힌다. 두 예술가가 각기 어떤 방식으로 두 문명에 '낭만주의'라는 새로운 예술의 문을 열었는지 살펴본다.

루브르 박물관에는 모나리자, 비너스, 아프로디테, 사비니의 여인 등 유명한 여인들이 많다. 그녀들은 대개 사랑, 고상함, 순결, 시기심, 모성 등 여성의 성격을 상징하는 알레고리다. 그런데 한 여인만은 예외다. 그녀는 혁명가다. 「민중을 이끄는 자유의 여신」에서 그녀는 앞장서서 적진을 향해 돌진하고 있다. 이 그림을 그린 프랑스 낭만주의 화가 외젠 들라크루아Eugène Delacroix, 1798~1863는 "큰 모험이 없이는 깊은 아름다움도 없다"라는 말을 남겼다.

중국의 고궁박물원에는 명나라 화가 서위徐渭, 1521~93가 그린 「묵포도墨葡萄」가 소장되어 있다. 이 수묵화에는 서위의 몹시도 가혹했던 일생이 담겨 있다. 보기에 아무렇게나 그린 듯한 포도와 루브르 박물관의 격전을 벌이는 여인은 겉으로 보기에는 아무런 연관도 없어 보이는데, 어째서 두 박물관의 역사를 회고하는 데 함께 거론된 것일까?

동양과 서양의 대표적
낭만주의 화가

프랑스 낭만주의 회화에 대한 이해는 루브르 박물관의 한 자화상에서 시작해야 한다. 바로 프랑스 낭만주의 화가 들라크루아가 그린 자화상이다. 프랑스의 작가 테오필 고티에는 외젠 들라크루아의 외모를 가리켜 "한 번 보면 쉽게 잊을 수 없는 우아함"에도 불구하고 "야성적이고 기이하며 이국적인 데다가 불안스럽기까지 하다"라고 평한 바 있다.

들라크루아의 「자화상」, 1837
년경

명나라 화가 서위의 모습을 보자. 그는 세상의 모든 풍파를 경험한 듯 초췌해 보인다. 들라크루아와 서위는 각각 프랑스 낭만주의 회화와 중국 명나라 낭만주의의 대표적인 화가로 평가받는다. 그들의 예술과 정신이 없었다면 이 두 박물관은 빛을 잃은 황혼 무렵 같았을 것이다.

들라크루아는 「민중을 이끄는 자유의 여신」의 한가운데에 한 여성을 그려 넣었다. 반라의 그녀는 장총을 들고 있고, 그녀의 뒤로는 실물 크기로 그린 한 무리의 사람들이 따르고 있다. 길가의 소년과 사병들은 총이나 창, 긴 칼 등을 들고 달려들고 있으며, 바닥에는 시신이 즐비

명나라 낭만주의를
대표하는 화가, 서위

11장. 낭만주의의 탄생

들라크루아의 「민중을 이끄는 자유의 여신」, 1830년

「민중을 이끄는 자유의 여신」
에 자기의 얼굴을 그려 넣은 들
라크루아

하다. 재미있게도 화가 들라크루아는 자신 또한 그림 속에 그려 넣었는
데 그 모습이 청년 모험가 같다. 「민중을 이끄는 자유의 여신」은 높이
2.6미터, 넓이 3.2미터의 대작으로 그림의 소재는 1830년 프랑스대혁명
의 시가전 모습에서 따왔다. 이 그림은 단지 역사적 사실을 재현한 것
뿐일까? 이 작품에서는 낭만주의의 어떤 특징이 잘 드러나 있을까?

　「민중을 이끄는 자유의 여신」에서 여자는 사람들 속에서 무리를 선
동하고 있다. 당장에라도 그림 속에서 뛰쳐나와 관람자에게 매섭게 달
려들 기세다. 들라크루아는 이 여인을 '자유의 상징'으로서 함축적 인물
로 그렸다. 여신을 이렇게 강인하게 그릴 수도 있었던 것이다. 하지만 현
실의 인물들 속에 섞여 가슴을 드러낸 채 서 있는 이 여인의 모습에 당

11장. 낭만주의의 탄생

대 사람들은 크게 놀랐을 것이다.

들라크루아는 역사상 처음으로 여신을 평민의 모습으로 그렸다. 그녀는 혁명가들 한가운데에서 무기를 들고 해방된 노예를 상징하는 프리기안 모자를 쓰고 있다. 흐트러진 옷매무새와 장밋빛으로 붉게 물든 두 뺨, 구릿빛 피부와 공격성을 띤 사지는 지금 이 순간 그녀의 흥분을 고스란히 암시한다. 훗날 사람들은 「민중을 이끄는 자유의 여신」에 표현된 전쟁보다 '자유의 상징'이라는 알레고리에 더 관심을 기울였다. 이 그림은 프랑스 사람들이 자유를 쟁취하게 독려하는 흥분제가 됐고, 여신은 사람들 마음속에 혁명과 해방, 창조의 상징으로 자리 잡았다.

이번에는 서위의 「묵포도」라는 그림을 보자. 그림 속의 포도는 우리가 흔히 보는 포도이고 재료는 중국인에게 가장 익숙한 붓과 한지, 그리고 수묵이다. 주목할 것은 그림의 왼쪽 위 모퉁이에 서위가 써넣은 시다.

반생낙백기성옹半生落魄已成翁
반평생 보잘것없이 살다 이미 늙은이가 됐구나

독립서재소만풍獨立書齋笑晚風
홀로 서재에 서서 저녁 바람에 미소 짓네

필저명주무처매筆底明珠無處賣
붓 아래 밝은 구슬 팔 곳이 없으니

서위의 「묵포도」, 명나라

서위徐渭, 1521~93년

명대 화가이자 문인. 저장 성浙江省 사오싱紹興에서 태어났다. 어린 시절 친모가 있음에도 계모 아래에서 자랐으며 글짓기에 재능이 있어 신동 소리를 듣기도 했다. 그러나 과거시험에 여러 번 낙방해 관운과는 거리가 멀었다. 사료에 따르면 서위는 과거에 여덟 번 응시하지만 향시 급제조차 하지 못했다고 한다. 재능이 있는데도 낙방한 것은 당시 부패한 정치 현실과 그의 반골 기질 탓이었다. 과거 시험에서 답안을 채우고는 시험지에 자신이 장원급제 하는 모습을 낙서해 시험관의 분노를 사게 됐다는 일화가 전한다.

당시 명나라의 간신 엄숭嚴嵩을 찬양하는 글을 썼다가 엄숭이 처벌되면서 그 일과 연루돼 가까스로 얻은 관직에서 면직됐다. 그때부터 조현병 증세를 보이기 시작해 여러 번 자살을 시도했고 의처증으로 아내를 살해해 감옥에 갇히기도 했다. 72세로 세상을 떠날 때까지 온갖 병고를 겪으며 불우한 삶을 살았다.

우여곡절의 인생 속에서도 그림과 시, 서예, 희곡 등의 작품 활동을 했으며 자신만의 독창성을 중시해 명나라 초기, 문단을 풍미한 의고파擬古派의 모방을 비판했다. 저서 『서문장 전집徐文長全集』(총 30권)은 청 문단에 큰 영향을 끼쳤고 「묵포도」는 현전하는 중국 포도 그림 중 최고로 평가받는다.

한포한치야등중閑抛閑置野藤中

들의 넝쿨에 한가로이 던지고 버려둔다네

시의 의미는 '내 천부적 자질이 묻히고 말았으니 너무나 안타깝다'라는 것이다. 이 시는 그저 세상에 대한 원망을 표현한 것뿐일까? 이 작품 속에는 어떠한 격정과 낭만이 숨어 있는 것일까? 서위는 다른 글에서 "나는 마음의 자유로움을 본보기로 할 뿐, 특정 유파를 따르지 않는다"라며 창작에 있어 독립적 정신을 강조한 바 있다.

낭만주의의 '낭만'에 대한 해석

들라크루아의 추종자이자 서위의 해독자로서 쉬장^{許江, 1955~}은 수년간 동서양 회화의 소통을 모색해왔다. 쉬장은 「민중을 이끄는 자유의 여신」에서 격앙된 감정을 드러내는 적갈색 색조에 주목해야 한다고 말한다. 쉬장은 「규원葵園」이라는 자신의 작품에서 들라크루아의 유화기법을 빌려 중국 문인의 심경을 그리고 있다. 이 작품에서는 자연과 미지의 세계에 대한 고독과 아득한 그리움이 느껴진다.

그렇다면 쉬장이 이해하는 낭만이란 무엇인가?

"낭만은 일종의 격정과 솔직함, 관례에서 벗어남, 혁명적인 행위를

쉬장의 「규원」

11장. 낭만주의의 탄생

지향한다."

쉬장은 회화 속 낭만은 '화가의 개성'과 깊은 관련이 있는 것이지 남녀 간의 미묘한 감정이나 우아함 등은 서정적 낭만이 아니라고 말한다. 낭만에 대한 이러한 해석은 들라크루아와 서위를 더 깊이 이해하는 키워드가 될 것이다. 수년간 들라크루아를 연구한 루브르 박물관 연구원이자 들라크루아 박물관 관장인 크리스토프는 낭만주의자들에 대해 이렇게 말했다.

"어쩌면 모든 낭만주의 예술가는 함께 지내기 어려울지 모른다. 그들은 시간을 지키지 않고 약속에 늦기 때문이다. 하지만 우리는 이런 모습을 친근하고 사랑스럽게 여길 수 있다. 왜냐하면 낭만주의자들은 대부분이 복잡하고, 비참한 삶을 살았는데도 그들 스스로가 인간 세상의 불행을 보고 짊어졌기 때문이다."

들라크루아가 살았던 1830년 전후는 불타는 시대였다. 18세기가 계몽주의의 시대였다면 낭만주의의 태동은 문명사회에서 일어난 잔인한 사건들을 배경으로 한다. 이 시기에 일어난 정복 전쟁과 혁명에 따른 처형 등 유럽이라는 문명사회에 일어난 끔찍한 사건들은 어떤 이성적인 판단이나 논리로도 설명할 수 없었다. 결국 공포나 좌절, 허무 속에서 이국의 땅이나 전설, 무의식에 숨겨진 인간의 내면으로 도피하려는 열망이 낭만주의를 낳은 셈이다. 들라크루아의 그림 소재나 기법도 이러한 낭만주의의 흐름 안에 있다. 그는 자신을 낭만주의자로 규정하는 세간의 흐름에 대해 이런 말을 남기기도 했다.

"낭만주의가 내 개인적인 인상을, 학교에서 배우는 틀에 박힌 유형에서 벗어나고자 하는 내 노력을, 아카데미적 요소에 대한 혐오를 자유롭게 선언하는 것을 뜻한다면 나는 지금 낭만주의자다. 아니, 나는 열다섯 살 때부터 낭만주의자였다."

동서양의 낭만주의 파국자

들라크루아와 서위는 각각 동서양의 낭만주의적 파국자였다. 물론 그들이 선택한 파국의 방식과 언어, 그들의 영향에 따른 문화 현상은 전혀 다른 것이었지만 말이다.

들라크루아의 파국은 한 폭의 그림에서 시작됐다. 스무 살이 되던 해, 그는 제리코의 「메두사 호의 뗏목」을 보고 큰 충격을 받는다. 이 그림은 실제로 일어났던 한 선박 사고에서 소재를 얻었다. 사고 후 선장과 고위 관리들은 구명정을 타고 도망쳐 나왔지만 일부 난민은 뗏목을 타고 13일 동안이나 바다를 표류하다가 간신히 구출됐다. 이 그림을 그린 화가 제리코는 과장된 이미지로 그의 분노를 그려 넣었다. 황혼의 화면 속, 두려움과 절망에 빠진 사람들이 차갑고 어두운 바다 위 뗏목에서 신음하고 있다. 그들의 생명이 한계에 이르렀을 때 돌연 아득히 먼 곳에서 배가 모습을 드러낸다. 사람들은 구호선이 그냥 떠나버릴까 두려워 미친 듯이 소리를 지른다. 이때 그들은 세차게 뗏목을 흔드는 바람에 맞서 한 사람을 들어 올리는데 「메두사 호의 뗏목」에서 가장 주목해야

제리코의 「메두사 호의 뗏목」, 1818~19년

할 부분이 바로 이것이다. 꼭대기에 올려진 구원의 상징은 더 이상 여신도 백인 영웅도 아닌 비천한 노예, 흑인 아이였다. 이로써 화가는 생명이 모든 계급과 인종을 떠나 평등하다는 점을 널리 내 보이는데, 이것은 의심할 여지없이 사회 질서에 대한 의문을 제기하고 그것을 타개하려는 의지를 표현한 것이었다. 젊은 들라크루아는 이 그림 앞에서 이렇듯 부조리에 대한 저항과 해방에 대한 희망을 강렬하게 드러내는 그림을 그리겠노라고 맹세한다.

들라크루아와 서위는 서로 알지 못했지만 둘의 인생에는 비슷한 점이 있다. 바로 기존의 원칙에 얽매이는 것을 무척 싫어했다는 점이다. 서위의 예술과 인생을 관통하는 하나의 원칙이 있었는데 그것은 바로 어떤 원칙도 있는 그대로 받아들이지 않는 태도였다.

서위가 살던 명대에는 고대의 세밀화 화법을 모방하는 것이 유행이었으며, 아름답고 준일한 필치로 그리는 것을 추구했다. 하지만 서위는 「묵포도」에서도 보이듯이 사의 화법으로 그림을 그렸다. 그외 붓의 움직임은 매우 빠르고, 한 번의 붓놀림으로 선을 뽑아낸다. 그리고 한 점의 묵흔이 바로 그 위에 촉촉하게 꽃을 피운다.

서위는 똑같은 모란을 그려도 부귀를 상징하는 전통적 의미의 꽃이 아니라 격정적이면서도 자유분방하게 표현했다. 이것은 어쩌면 화가의 정신세계를 반영했는지도 모른다. 서위의 이러한 그림과 서예는 광초狂草, 초서草書의 한 종류로 심하게 휘갈겨 쓰며, 자형의 변화가 매우 많음와 마찬가지로 선이 정교하지는 않았지만 그의 예술성을 있는 그대로 드러냈다.

문학에서 영감을 얻은 낭만주의

서위든 들라크루아든 그들의 그림은 문학과 밀접한 관련이 있다. 서위가 살던 중국 명나라 말기 사회에는 「모란정牡丹亭」이라는 애정 희극이 유행했는데 이것은 후세 사람들이 그 시대를 이해할 수 있는 중요한 단서다. 이 희극은 한 소녀가 꿈속에서 정인과 모란정에서 만날 약속을 하는 것으로 시작되는데, 당시 사회에서 금기였던 남녀 간 애정을 무대 위에서 대담하게 묘사했다. 사람들은 시가 문학에서 진실한 감정과 욕망을 표현하는 것은 부도덕한 일이 아니며, 심지어 그것이 미美의 본질이라 여기게 됐다. 반대로 고대 문예 풍조를 단순히 모방하는 것은 비판받기 시작했다. 서위 역시 "새가 사람 말을 배워도 그 본성은 여전히 새다"라고 신랄한 비평을 하는데, 시를 쓸 때 단순히 선조를 모방하는 것은 결국 새가 사람 말을 배우는 것에 지나지 않을 뿐 아무런 가치가 없다는 의미다. 서위는 모방에서 벗어나 생명과 창조에 대한 관념을 서예와 회화 속에 담았던 것이다.

마찬가지로 들라크루아가 이 그림을 그린 19세기, 프랑스에서는 「모란정」 같은 또 다른 사랑 이야기가 수많은 사람을 감동시켰다. 바로 빅토르 위고의 낭만주의 소설 『파리의 노트르담』이다. 이 소설을 보았던 많은 관중이 주인공 에스메랄다와 성당 종지기인 꼽추 콰지모도의 사랑에 감동받았다. 빅토르 위고의 다음과 같은 말은 이 시대의 '낭만주의 선언'이라 불리게 된다.

"만물의 모든 것은 감정의 아름다움에 부합하지 않는다. 추악함은 아름다움의 옆에 있고, 기형은 우아한 아름다움 가까이에 있다. 저속은 숭고의 배후에 숨겨져 있고, 선과 악은 병존하며, 어둠과 광명은 함께 존재한다."

낭만주의 사조의 유행 속에서 들라크루아는 당시 주류였던 고전주의 스타일에 반하는 그림을 그린다. 그는 안정적이고 정교한 구도에서 벗어나 생동감 넘치는 장면을 표현했으며, 색채 역시 매우 역동적이고 화려하게 써 운명에 대항하거나 죽음에 직면하는 인간의 모습을 표현했다. 또 이국적 분위기, 폐허, 지옥, 살육, 선혈, 학살, 사나운 말 등을 소재로 해 인간의 어두운 내면을 보여주는 그림을 그렸다. 들라크루아는 적갈색 배경을 그릴 때 적갈색을 강조하기 위해 녹색을 대비해 칠했다. 보는 사람의 혈관에 피가 돌고 살이 떨리게 하는 이런 색채는 들라크루아가 격정을 표현하기 위한 한 방법이었다.

들라크루아가 낭만주의 시인 바이런의 시에서 영감을 얻은 것으로 알려진 「사르다나팔루스의 죽음」이라는 그림을 보자. 바이런의 시에서 아시리아 최후의 왕 사르다나팔루스는 반란군에게서 백성을 지키기 위해 스스로 불길로 걸어 들어가는 희생정신을 발휘한 것으로 묘사된다. 하지만 이 그림에서 들라크루아는 사르다나팔루스를 파괴마저 쾌락으로 즐기는 폭군으로 변모시켜 원작과는 전혀 다르게 표현했다. 그가 표현한 화면의 내용은 중국의 『패왕별희霸王別姬』고사와 닮았다. 금빛 비수가 미녀의 가슴에 꽂히고, 격정과 공포가 뒤엉켜 다음 순간 그림 속 인물들이 쓰러진 채 소리를 지르며 사람과 말이 뒤섞여 난리가 날 듯하

11장. 낭만주의의 탄생

들라크루아의 「사르다나팔루스의 죽음」, 1827년

다. 하지만 왕은 구석에서 머리를 괴고 누워 이 모든 것을 방관하고 있다. 죽음이 자신을 기다리고 있다는 것을 아는데도 말이다. 놀라운 것은 국왕의 무심한 눈빛이다. 이것이 바로 들라크루아의 낭만이다.

반면 서위는 꽃과 새를 사의 화법으로 그렸으며 수묵으로 생기와 삶의 흥취를 표현하고 생명을 표현했다. 서위는 먹을 사용해 꽃과 과일을 실물과 닮은 듯 하면서도 닮지 않게 그렸으며, 가끔씩 사람의 그림자를 모호하게 그리기도 했다. 때로 서위는 반수礬水, 백반과 아교를 섞은 물로 먹과 물감이 종이에 잘 흡착되도록 하고 탈색을 방지한다와 먹의 농도 등을 조절해 묵흔이 변화하는 특이한 효과를 연출하기도 했다. 그의 그림을 응시하고 있으면 묵과 물이 조화를 이룬 그림이 서위의 불운한 인생을 위로한 약이었음을 추측할 수 있다.

낭만주의 화가의 평탄치 않은 인생

운명은 천재에게 순조로운 인생을 허락하지 않았다. 앞에서도 소개했지만, 서위는 태어난 지 100일도 되기 전에 아버지를 여의었다. 그 후로 남의 집에 얹혀살며 수차례 과거에서 낙방한다. 조현병을 겪던 그는 아내를 살해해 6년간 절망적인 옥살이를 한다. 이 충격적인 사건을 겪고 그는 아홉 번이나 자살을 기도하는데, 도끼로 자신을 내리찍고 긴 못으로 귀를 찔렀지만 결국 죽지 못했다.

이 예술가를 사로잡은 광기는 그림에서 변화무쌍한 감정의 변화로 나타난다. 서위의 「설초매죽도雪蕉梅竹圖」를 보면 손 가는 대로 붓을 휘갈겨 그린 듯하며, 특유의 자조적 읊조림이 느껴진다. 한편으로는 색의 짙음과 옅음, 덩어리와 선, 점상點狀 등이 모두 섬세히 조화를 이루고 있다.

서위는 모진 시련을 겪고 포부를 이루지 못한 무기력함을 그림 속에 쏟아냈다. 그는 강남 사오싱의 이 작은 도시에서 은거하며 쓸쓸히 늙어 죽어갔다. 기록에 따르면, 그가 죽기 전 곁을 지킨 것은 개 한 마

서위의 「설초매죽도」, 명나라

리가 유일했으며, 바닥에는 이불조차 깔려 있지 않았다고 한다. 그가 생전에 살던 집의 하얀 담장은 그의 마지막 시간을 혼란스러운 세상과 단절시켜주었다.

서위만큼은 아니었지만 들라크루아의 인생도 평범하지는 않았다. 인생의 말년에 들라크루아는 루브르 박물관 아폴론 갤러리의 천장화를 그려 그 시대 최고의 예술가로 인정받지만 평생을 독신으로 살았고 1863년 폐렴이 악화되어 65세의 나이로 세상을 떠났다. 그는 여러 명의 여성과 애정을 나누고 불륜관계를 맺었는데 세상을 떠날 때 그의 곁을 지킨 것은 가정부뿐이었다. 그는 일기에 이런 글을 남겼다. "파리의 사람들이 연인에게 달려가는 시간, 나는 내 그림 곁을 이리저리 거닌다."

시대를 뛰어넘는 낭만의 힘

한 예술가의 생명은 한 시대를 훨씬 뛰어넘는다. 서위와 들라크루아, 이 두 천재는 두 시대와 두 나라의 예술에 새로움을 창조한 사람들이다. 그들은 기존과 다른 방식으로 작품을 제작해 후세 회화에 깊은 영향을 주었다.

프랑스 사람들은 들라크루아를 현대 회화의 시대를 연 화가로 평가한다. 르누아르와 세잔, 반 고흐 등이 모두 그의 영향을 받았다. 서위가 무심히 그린 듯한 작품들은 후세 사람들에게 절대적 숭배를 받았다. 서위가 죽고 60년이 흐른 뒤 또 한 명의 위대한 화가 팔대산인이 그의 그림에 영향을 받아, 사의 화법을 따른다. 120년 후 양주팔괴揚州八怪, 청 건륭 연간에 상업 도시였던 장쑤 성 양저우에서 활약했던 여덟 명의 대표적인 화가. 전통에 얽매이지 않고 감정을 표현하는 데 주력해 중국의 근대 회화에 큰 영향을 주었다의 유명한 화가 정판교는 서위의 그림을 보고 인장을 새겨 자신을 '청등靑藤, 서위의 호 문하의 개'라고 칭했다. 300년 후 치바이스齊白石는 서위를 매우 좋아해 자신 역시 개가 되어 그의 문하를 드나들고 싶다고 말한 바 있다.

12 / 현실에 대한 찬양

코로의 자연주의
Vs.
쉬베이훙의 사실주의

1919년 5월, 중국 화가 쉬베이훙이 루브르 박물관을 방문한다. 이 동양화가의 눈에 비친 서양회화는 경이로움 그 자체였다. 당대 프랑스 사실주의의 기교는 쉬베이훙은 물론이고 중국 예술의 관념과 화법까지 바꿔놓았다. 하지만 그때 프랑스의 예술가들은 오히려 중국 회화 정신의 정수라고 할 수 있는 '사의적寫意的 기법'을 배우고자 했다. 동양과 서양의 예술가들은 이렇게 서로를 흠모하면서 깊은 영향을 주고받았다.

프랑스 퐁텐블로 근처에 위치한 바르비종은 19세기부터 화가들의 마을이었다. 이 마을에 들어서면 생활이 곧 예술이며, 예술은 늘 우리 곁에 존재한다는 것을 느낄 수 있다. 이곳의 밀레 아틀리에에서는 바르비종파의 또 다른 화가들도 만날 수 있다. 자연을 섬세하면서도 서정적인 느낌으로 담아내는 것이 이 화가들의 특색이었다. 그중에서도 카미유 코로는 서양회화가 신고전주의풍의 역사화에서 근대 풍경화로 이행하는 데 가교 역할을 했다.

중국의 국민 화가로도 불리는 쉬베이훙徐悲鴻, 1894~1953은 프랑스 유학 시절 카미유 코로의 제자인 파스칼 다냥부브레Pascal Dagnan-Bouveret, 1852~1929를 만난다. 예순일곱의 노인이던 다냥부브레는 이 젊은 중국 화가를 매우 아껴 자신의 제자로 받아들인다. 쉬베이훙은 매주 일요일 다냥부브레의 화실로 향했다. 그는 쉬베이훙에게 일시적인 추세를 좇지 말라고 당부하는데 이것은 그의 스승 카미유 코로가 다냥부브레에

12장. 현실에 대한 찬양

바르비종 마을의 거리와 밀레의 아틀리에

게 하던 훈계이기도 했다. 이 두 화가의 만남은 중국 회화의 발전 방향을 크게 변화시켰다. 탈속의 경지를 추구하던 중국 회화가 현실 세계를 표현하는 데 깊은 관심을 나타내게 된 것이다. 100여 년 전, 프랑스에서 이루어진 그 만남의 현장으로 되돌아가보자.

자연과 소박한 생활을 그린 바르비종파

2009년 중화인민공화국 60주년 건국을 기념하며 베이징의 중국미술관에서 열린 〈신중국 미술 60년〉에서는 거대한 유화 작품들이 전시됐는데, 기본적으로 유럽의 사실주의를 이은 작품들이었다. 또한 유화 전시홀에는 중국과 서양의 미술을 잇는 데 큰 역할을 한 쉬베이홍의

바르비종파École de Barbizon

1835~70년경 파리 근교인 퐁텐블로 숲 외곽의 바르비종에 머물며 활동했던 프랑스의 풍경화가들. 루소1812~67, 코로Camille Corot, 1796~1875, 밀레1814~75, 도비니Charles-François Daubigny, 1817~78, 뒤프레Jules Dupré, 1811~89 등이 대표적이다. 그들은 아틀리에에서 작업하기보다 직접 자연으로 나아가 풍경을 그리는 자연주의적 양식을 지향했다. 코로는 태양광선과 날씨에 따라 미묘하게 변화하는 친근한 풍경을 포착했고, 밀레는 대지 위에서 일상적인 노동에 전념하는 농부나 목자를 주제로 삼았다. 바르비종파에서 비롯된 근대 풍경화는 고전적이고 낭만적인 자연관을 거부하고 풍경을 직접 관찰하는 사실주의를 강조했고 이후 인상파를 낳는 가교가 됐다.

12장. 현실에 대한 찬양

중국 근대미술의 거장 쉬베이훙
의 흉상

흉상이 놓였다.

쉬베이훙은 당시 중국 회화의 혁신을 위해 국가의 촉탁으로 루브르 박물관에 갔다. 그때 그는 고요하고 탈속적인 중국 회화가 사실적인 회화로 바뀌게 될 거라고 예상했을까? 이런 변화는 어떻게 생겨난 것일까?

답을 찾기 위해 우선 1830년대의 파리로 돌아가보자. 이 시기, 유럽에서는 산업화가 본격화되면서 많은 사람이 농촌에서 도시로 모여들었고 반대로 도시의 부르주아들에게 있어 풍요로운 들판과 성실한 농부들이 있는 농촌은 그들이 이상으로 생각하는 마음의 고향이었다.

1835년, 카미유 코로가 프랑스의 바르비종에 정착한 뒤, 이 작은 마을은 수많은 화가를 불러들인다. 이곳의 화가들은 변화한 도시를 떠나 자연과 소박한 생활을 묘사했다. 그런데 유럽 예술을 배우러 온 쉬베이홍은 어째서 발전하기 시작한 현대예술이 아니라 사실주의 기법을 배웠던 것일까?

서양을 배우고자 한 중국의 신문화운동

베이징 대학의 주칭성朱靑生, 1957~ 교수는 한 세기 전의 중국 미술의 변혁을 이렇게 설명한다.

"1919년 5·4운동이 일어날 당시 베이징 대학의 교수 천두슈陳獨秀, 1879~1942, 루쉰 등은 모두 예술이 인민의 고통에 관심을 가져야 한다면서 현실과 생활에서 벗어난 문인 사대부의 예술을 반대했다. 그것은 시대적 필요에 따른 것으로, 국가와 민족의 살길을 도모하기 위한 필연적인 것이었다."

베이징 대학은 5·4운동이라는 문화운동의 발원지가 됐다. 1919년 1월 15일, 신문화운동을 주도했던 천두슈는 『신청년』에 쓴 글에서 중국 회화가 서양의 사실주의를 따라야 한다고 호소했다. 특히 내우외환의 시대일수록 '송원 이후 중국 예술에서 잃어버린 입세入世 정신'을 다시 찾아 '모든 사상과 행위'의 뿌리를 '현실 생활'에 두도록 해야 한다면서, 이렇게 선조의 산수화를 모방하는 것은 기법 면에서는 트집 잡을 것이 없으나 눈앞의 현실사회에 대해서는 무관심할 수밖에 없다며 신랄하게 비판했다.

개혁파는 봉건적인 모든 제도에 대한 개혁을 촉구했으며 서양의 선진 기술을 흡수해 중국의 부국강병을 꾀했다. 이러한 '서양 오랑캐의 장점을 배워 그 힘으로 서양을 제압하자'라는 생각은 쉬베이훙에게도 깊은 영향을 주었다. 스승이었던 캉유웨이의 추천으로 베이징 대학 화법 연구회의 지도교사로 임명된 쉬베이훙은 스승의 독려 아래 서양으로 유학 갈 뜻을 세우기도 했다.

1918년 3월, 쉬베이훙과 그의 동료들은 함께 자금성으로 향한다. 이때 건청문乾淸門 뒤 궁실에는 황위를 양위한 중국의 마지막 황제 일가가 여전히 거주하고 있었지만 문 밖의 무영전武英殿과 문화전文華殿은 이미 민중에게 개방되어 있었다. 이 전각은 중국 최초 국립박물관의 전신인 골동품 진열소로 쉬베이훙은 문화전에 소장된 황가의 유물들을 보면서 이 나라가 오늘날 이토록 쇠락한 것을 두고 크게 탄식했다. 그는 "나의 동지들과 함께 분발해 스스로 떨치고 일어날 수 있기를 바라노라. 이제부터 시작이다"라고 말하며, 현실에 관심을 갖고 반제국주의와 반봉건주의 운동을 독려할 수 있는 예술을 찾기로 결심했다. 그 일환으로 1년 후 쉬베이훙은 바다를 건너 프랑스로 가 서양 문명을 탐구하기 시작한다. 그것은 고대 그리스를 발원으로 하는 사실주의의 길이었다.

1919년 5월 10일, 파리에 도착한 쉬베이훙은 루브르 박물관을 처음 가본 뒤로 이곳을 자주 들러 그림을 모사한다. 그는 빵 한 조각과 물 한 통을 들고 박물관에 가 개관 때부터 폐관 때까지 온종일 그곳에서 시간을 보냈다. 쉬베이훙은 "정말 신기하고 아름다우며 불가사의하다"라는 말로 루브르 박물관의 예술작품을 표현했다. 심지어 들라크루아

들라크루아의 「키오스 섬의 학살」, 1822~24년

의 작품 「키오스 섬의 학살」은 그의 두 눈에 뜨거운 눈물이 맺히게 할 정도였다. 쉬베이홍은 또한 카미유 코로를 매우 존경했는데, 그의 그림은 고도의 사실적 기교를 담고 있으면서도 시적 정취 또한 부족함이 없으니, 코로의 그림에서 쉬베이홍은 아마도 안개비가 내리는 강남을 떠올리지 않았을까.

쉬베이홍은 파리에서 사실적 기법을 탐구했고 그와 뜻을 같이한 화가들은 그것을 중국으로 전파했다. 쉬베이홍은 5·4운동 시기, 현실에 뿌리를 둔 예술을 탐구한다는 사명을 띠고 배움을 찾아온 만큼 서양의 사실 기법을 배우는 데 전념했다.

쉬베이홍이 매료당한 서양의 사실주의

유럽은 고대 그리스부터 현실과 자연에 대한 관찰을 바탕으로 예술작품을 제작했다. 르네상스 시기에 이르면 화가들이 과학적 관찰을 바탕으로 그림을 그리면서 사실적 재현이 서양회화의 한 방향으로 자리 잡았다. 이탈리아의 카라바조는 현실에 관심을 가진 화가로 성경 이야기의 인물을 그리면서도, 그 형상은 실제 인물을 바탕으로 했다. 그의 사실주의적 혁신은 네덜란드의 렘브란트와 페르메이르, 프랑스의 조르주 드 라투르와 샤르댕, 바르비종파 화가들에게까지 직접적인 영향을 미쳤다.

쉬베이홍(왼쪽)과 그의 스승 다낭부브레(오른쪽)의 모습

    19세기의 여름, 바르비종에 두 곳밖에 없던 여인숙은 화가들로 가득
차 있었는데 그중 한 곳은 후에 현재의 바르비종 시립 박물관이 됐다.
이곳의 그림을 통해 우리는 당시 화가들이 그림을 그리던 장면을 어렴
풋이 떠올릴 수 있다. 바르비종파 화가들은 화구를 들고 들판으로 나가
그림을 그렸는데 심지어 땅에 엎드린 강아지나 프로이센 병사들도 그들
의 묘사 대상이었다. 바르비종파 화가들은 이렇듯 특별할 것 하나 없는
평범한 일상생활을 묘사했다. 하지만 바르비종파가 그린 일상은 현실
그 자체라기보다 현실을 초월한 이상화된 풍경이었다. 그들은 도시 문
명에서 벗어나 농촌에서 마음속 평온을 찾고 정신적 안정을 추구하려
했기 때문이다.

12장. 현실에 대한 찬양

밀레의 「이삭줍기」, 1857년, 오르세 미술관

하지만 1919년 쉬베이훙이 프랑스에 도착했을 때, 그가 찾았던 것은 평온의 만족이 아니었다. 소묘는 형태를 만드는 기초다. 코로는 고전주의 화가들과 마찬가지로 소묘를 중시했는데, 쉬베이훙 역시 소묘에 엄청난 공을 들였다. 후에 그가 중국의 전통 회화를 혁신하려고 할 때 그가 중점으로 삼은 것도 소묘였다. 사실적 형상화는 현실의 고난을 직접적으로 표현할 수 있었기 때문이다. 어쩌면 이것이 쉬베이훙이 사실적 기법에 매료된 이유일지도 모르겠다.

바르비종파 화가들은 모두 일상생활 속에서 일을 했다. 밀레의 경우 그림을 그리는 것 외에도 직접 밭에 나가 일을 했다. 그는 땅과 연결되어 있었으며 또한 생활인이었다. 나라의 일을 자신의 소임으로 여겼던 쉬베이훙에게 있어 바르비종파의 그림이야말로 생활을 가장 잘 표현한 그림이었다. 그가 찾은 예술은 일종의 무기로서의 예술이었고, 도구로서의 예술이었다. 반면 당시 유행하던 마티스, 피카소 등의 예술에 대해 쉬베이훙은 비판적이었다. 쉽게 이해될 수 없는 그림은 사람들의 공감을 불러일으킬 수 없다고 생각했기 때문이다. 망해가는 나라를 구해야 한다는 과도한 책임감에 눌려 쉬베이훙은 어쩌면 현대예술의 의의와 그 가능성을 이해하지 못한 것이 아니었을까?

1928년, 쉬베이훙은 중국으로 돌아와 「전횡오백사田横五百士」를 그리기 시작한다. 그는 『사기史記』에 나오는 전횡진나라 말기 진승 오광이 일으킨 전국적인 농기 봉기의 풍파 속에서 제나라의 후손인 전횡이 농민들을 거느리고 진에 대항한 이야기. 빈객 500명과 섬에 숨어 살다가, 한의 유방이 천하를 평정하자 유방의 부름을 받고 가던 중에 자결했다 이야기로 중국 인민에게 침략에 대한 대항 의지

12장. 현실에 대한 찬양

쉬베이훙의 「전횡오백사」, 1928년
쉬베이훙은 서양의 사실적 소묘와 투시법, 명암법을 중국의 붓과 화선지, 수묵을 통해 실험
했다.

쉬베이홍의 「우공이산」, 1940년
노인이 오직 삼태기 하나로 산을 옮기려 했다는 중국 춘추시대의 고사를 바탕으로 한 이 유화
는 항일투쟁기에 중국 인민의 항전의지를 잘 표현했다는 평가를 받는다. 쉬베이홍의 작품 가운
데 가장 작품성이 뛰어나고 역사성이 있는 작품으로 알려져 있다.

를 북돋워주려 했다. 쉬베이훙은 서양의 사실적 소묘와 투시법, 명암법을 중국의 붓과 화선지, 수묵을 통해 실험했다. 프랑스에서 과거의 것이었던 이 기법은 전란으로 암울했던 당시의 중국 화단에 신선한 공기를 불어넣었다.

서로의 역할을 바꾼 동양과 서양의 회화 정신

카미유 코로는 스물아홉 살 때 자화상을 그린다. 당시 그는 고향을 떠나 이탈리아에서 유학을 하고 있었는데 그의 부모가 전통에 따라 그에게 자화상을 그리게 한 것이다. 바로 그해, 사진 기술이 탄생했고 서양 예술은 급격한 변화의 길로 들어서게 된다. 코로가 예순셋이 됐을 때는 과학기술의 발전으로 초상을 그림 대신 기념사진으로 남길 수 있을 정도였다. 사진기는 더욱 사실적이고 직접적인 기록을 가능하게 했고, 보통 사람들 역시 자신의 초상을 사진으로 남길 수 있게 됐다. 이로써 바르비종파와 사실주의 화풍은 쇠퇴했다. 이름 없는 수많은 초상화와 풍경화 화가들이 사진사로 직업을 바꾸었다. 또 하나의 새로운 시대가 열리고 있었던 것이다.

카미유 코로의 작품을 중국의 눈으로 보면 그의 작품에는 특수한 문기文氣와 아름다움이 있다. 코로의 작품은 자연에 대한 그의 숭배와 동시에 도시 문명에서의 도피를 반영한다. 햇빛이 새벽안개를 뚫고 하

코로의 자화상과 사진

늘빛 물에 고요하고 부드러운 나무 그림자가 비친다. 카미유 코로 특유의 '은색 안개'를 품은 그림은 풍경 속에서 화가가 느낀 행복과 평온, 그리고 한 가닥 슬픔을 전한다. 이것이 카미유 코로가 평생 간절히 추구한 풍경화다.

　루브르 박물관 회화관의 학예연구원 뱅상 포마레드는 이렇게 말한다. "유럽의 회화 이론 교과서에는 반드시 우선 대자연을 관찰해 가장 사실적인 방식으로 그리고, 그 후에 감정을 담아 이상적 세계를 담아내야 한다고 말한다. 후에 기회가 있어 중국의 회화 이론을 읽어봤는데, 이러한 측면에서 두 이론이 완전히 똑같았다."

　뱅상이 지적한 중국 회화의 정신은 어찌 보면 천두슈와 쉬베이훙이

12장. 현실에 대한 찬양

코로의 「모르트퐁텐의 추억」, 1864년
코로의 작품은 자연에 대한 숭배와 동시에 도시 문명에서의 도피를 반영한다.

혁신하고 싶어한 예술 태도였다. 서양과 동양의 예술은 서로의 역할을 바꾼 것이다. 5·4운동 전후 중국의 전통문화는 모두 혁명의 대상이 됐으니 말이다. 격랑의 역사를 회상하며, 일찍이 쉬베이홍의 눈에 뜨거운 눈물이 맺히게 했던 「키오스 섬의 학살」(305쪽 참고)을 다시 감상해보자. 그의 마음을 움직였던 것은 어쩌면 그림의 기법과 조명, 색채, 구도뿐 아니라 그림에 드러난 현실 세계에 대한 뜨거운 애정이 아니었을까?

12장. 현실에 대한 찬양

루브르에서
중국을
만나다

예술품으로 본 동서양의 문명 교류

ⓒ 김원동 2014

1판 1쇄 2014년 4월 16일
1판 2쇄 2017년 1월 31일

지은이   중국 CCTV 다큐멘터리 제작팀 원작 · 김원동 편저
펴낸이   정민영
책임편집   권한라
편집   손희경
디자인   문성미 이보람
마케팅   이연실 이숙재 정현민
제작처   한영문화사

펴낸곳   (주)아트북스
출판등록   2001년 5월 18일 제406-2003-057호
주소   10881 경기도 파주시 회동길 210
대표전화   031-955-8888
문의전화   031-955-7977(편집부) 031-955-3578(마케팅)
팩스   031-955-8855
전자우편   artbooks21@naver.com
트위터   @artbooks21
페이스북   www.facebook.com/artbooks.pub

ISBN   978-89-6196-166-0 03900

값은 뒤표지에 있습니다.
잘못된 책은 구입하신 서점에서 교환해 드립니다.

이 도서의 국립중앙도서관 출판시도서목록(CIP)은 e-CIP 홈페이지(http://www.nl.go.kr/ecip)와
국가자료공동목록시스템(http://www.nl.go.kr/kolisnet)에서 이용하실 수 있습니다.
(CIP제어번호 : CIP2014010711)